军民融合

JUNMIN RONGHE
FAZHAN ZHANLÜE TANLUN

发展战略探论

姜鲁鸣　王伟海　刘祖辰　著

人民出版社

责任编辑：刘敬文

封面设计：胡欣欣

责任校对：吕　飞

图书在版编目（CIP）数据

军民融合发展战略探论 / 姜鲁鸣，王伟海，刘祖辰 著 . —北京：人民出版社，2017.12

ISBN 978 - 7 - 01 - 018614 - 6

I. ①军…　II. ①姜…②王…③刘…　III. ①军民关系 - 研究 - 中国　IV. ① E225

中国版本图书馆 CIP 数据核字（2017）第 292159 号

军民融合发展战略探论

JUNMIN RONGHE FAZHAN ZHANLÜE TANLUN

姜鲁鸣　王伟海　刘祖辰　　著

人 民 出 版 社 出版发行

（100706　北京市东城区隆福寺街 99 号）

北京中科印刷有限公司印刷　新华书店经销

2017 年 12 月第 1 版　2017 年 12 月北京第 1 次印刷

开本：710 毫米 ×1000 毫米 1/16　印张：15.5

字数：192 千字

ISBN 978 - 7 - 01 - 018614 - 6　定价：39.00 元

邮购地址 100706　北京市东城区隆福寺街 99 号

人民东方图书销售中心　电话（010）65250042　65289539

写在前面的话

姜鲁鸣

改革开放以来，中国国家战略的覆盖范围、推行力度和实施效果给全世界留下了深刻印象。实践表明，中国有自己独特的发展模式和路径，与世界上其他任何一个大大小小的国家都不一样。当然，这并不意味着我们可以违背现代化的基本规律。事实上，在中国这样一个带有鲜明举国体制色彩的国家，构建一个什么样的国家战略体系和能力，制定和实施一个什么样的国家安全和发展总体战略，直接关乎国家安全态势，关乎经济社会走向，关乎国家竞争力塑造，关乎民族复兴大业。

把军民融合发展上升为国家战略，是当代中国共产党人在统筹国家安全和发展方面对国家治理现代化作出的杰出贡献。有了这个重大战略，中华民族的强国梦强军梦便有了更为强大的国家战略支撑和牵引，统筹国家安全和发展的历史也由此揭开了全新的一页。在这一战略指引下，一场宏大的军民融合实践正在这个人口规模世界第一、经济规模世界第二、国土面积世界第三的超大型国家全面展开，众多企业、各个区域和各相关部门都在谋求军民融合发展，军民融合发展渐成全国大气候。在这场宏大实践活动中，理论研究还是明显滞后了，实践远远走在了理论前面。时代强烈呼唤着军民融合战略理论的发展，迫切需要系统回答近年来人们对军民融合发展战略的重大关切。

从根本上说，军民融合体现着一种现代国家治理方式。推进军民融合发展，就是要破除军和民之间的二元分割，充分实现经济和国防两大建设发展进程同步、资源配置均衡、要素关系互动、政策制度兼容、国内国外统筹，形成全要素、多领域、高效益的军民融合深度发展格局，进而实现富国和强军相统一。而制定和实施军民融合发展战略，则是对军民融合发展作出全局性、长远性、根本性的谋划，以国家安全和发展的战略意志，牵引资源流动，引导资源配置，促进有限资源有效转化为双向互动的现代战斗力和现代生产力。显然，这是一个复杂巨大的战略管理工程，蕴含着许许多多值得研究的重大问题。

呈现在读者面前的这本书，就是我和王伟海、刘祖辰两位青年学者近期对军民融合发展国家战略的初步思考。第一章从历史探索、国家需求和世界大势三个角度，论述了军民融合发展上升为国家战略的基本依据。第二章从总体目标、历史方位、重点任务、基本原则、战略路径五个方面，论述了军民融合发展战略的基本框架。第三章和第四章在研究我国军民融合发展"6+3+1+N"任务布局的基础上，相继分析了六大体系和若干新兴领域军民融合的重要地位、主要进展、突出矛盾和破解思路。第五章分别从强化大局意识、强化改革创新、强化战略规划、强化法治保障四个方面，探寻了军民融合发展战略路径。第六章在系统理论框架下，综合运用军事核心能力生成理论、交易成本理论以及最优政府规模理论，阐释了军民融合的安全性边界、经济性边界、主体性边界，建立了军民融合潜在边界理论框架，进而构建了我国军民融合发展战略评价指标体系。最后一章通过研究军民融合发展战略推进进程中涉及的五个基本关系，事实上已经触及了中国特色军民融合发展的一些规律。由此，本书构建了一个略显粗犷却比较完整的逻辑框架。在研究写作中，我们坚持独立研究、深入思考，部分借鉴了学界研究成果，有选择性地运用了本团队近年来在相关部门和地区调研的数据、资料和案例，力求奉献一本具有实践性、思辨性、前沿性、对策性和带有一定学理阐释性的读物。

通过本书，我们要表达一个什么理念呢？

人类历史已有数百万年之久，其中有文字记载的历史也已有数千年，其间弥漫着绵延不断的烽火硝烟。可以说，自从有了人类，就有了冲突；有了国家，有了国家的战争行为和战争准备，也就有了经济与国防的关系。当历史时针指向 21 世纪之际，非但未能改变这一历史逻辑，反而奏响了军民融合发展的最强音。这里涉及一个本源性问题：何谓国家安全？何谓国家发展？直白地讲，国家安全就是捍卫国家已有利益不受侵害；而国家发展则是在这个前提下拓展已有利益。由此看来，人类社会在进入战争形态信息化、技术形态军民通用化、经济形态高度市场化时代之后，创造财富的活动与捍卫人类自身安全的活动已经水乳交融、共生共亡、枯荣与共，国家的安全利益和发展利益已经高度融为一体，已被锻造成为体现国家根本利益的"一块整钢"。在这一时代背景下，通过强有力的国家战略意志，消弭国家安全和发展方面与军民融合领跑国家存在的"制度差"，构建起军民一体化的国家战略体系和能力，这就是我国军民融合发展战略的本质！如果对这一重大问题缺乏深刻领悟，要制定和实施科学的军民融合发展战略是不可能的，要获取预期的战略红利也是不可能的。基于这一考虑，我们将军民融合发展战略本质的认识作为统领全书的灵魂，所设各章论述都是围绕这一主线而展开的。自然，军民融合上升为国家战略之后，全国研究热度之高确实超乎想象，研究队伍空前壮大。我们期待着各位方家的指正。

2017 年 6 月 30 日于北京

目　录

* 第一章 *
军民融合发展上升为国家战略的缘由

　　习近平主持召开中央军民融合发展委员会第
一次全体会议时强调，把军民融合发展上升为国
家战略，是我们长期探索经济建设和国防建设协
调发展规律的重大成果，是从国家发展和安全全
局出发作出的重大决策，是应对复杂安全威胁、
赢得国家战略优势的重大举措。① 这一重大论断，
深刻阐明了军民融合发展上升为国家战略的基本
依据。

---

① 《习近平主持召开中央军民融合发展委员会第一次全体会议强调　加强集
中统一领导加快形成全要素多领域高效益的军民融合深度发展格局》，《人
民日报》2017 年 6 月 21 日。

一、长期探索的重大成果

军民结合的历史源远流长。一些国家和地区在经历了冷兵器时期的兵农合一时代之后，又大都经历了机械化兵器时期的军民相对分离时代，之后又进入信息时代的军民融合时代。但总的来看，古今中外各个时期的国家政权都在探索不同形式、不同程度的军民结合。秦汉以后时断时续的军事屯田和军马散养于农户，就是寓军于民的经济方式。其根源在于：任何国家政权，都要在资源稀缺条件下追求安全和发展两大目标，军民结合往往成为必然选择。据此可以说，有国家有军队，就必定有一定形式的军民结合。

在中国这样一个发展中的社会主义大国，如何统筹好"军"与"民"的关系，形成"军"与"民"的强大合力，以推动中国社会主义事业的顺利发展，始终是一个重大历史课题。新中国成立后，中国共产党历代中央领导集体立足不同历史时期国家安全和发展实际，先后提出了"军民两用""军民结合""寓军于民""军民融合""军民融合发展战略"等思想，科学回答和解决了不同历史时期我国经济建设和国防建设协调发展的重大理论与实践问题，探索出了一条具有中国特色的军民融合发展之路。

"军民两用"思想的形成与发展

新中国成立后，以毛泽东同志为核心的党的第一代中央领导集体，在探索如何恢复和发展国民经济、建设强大国防的过程中，创造性地提出了"军民两用"的战略思想。

抗美援朝结束后，世界局势趋于缓和，世界大战可以避免逐步成为中央当时的共识。"一五"时期，国家预算支出中军政费用比重高达30%。对此，毛泽东认为，"这个比重太大了，第二个五年计划期间，要使它降到20%左右，以便抽出更多的资金，多开些工厂，多造些机器"，"我们一定要加强国防，因此，一定要首先加强经济建设"，"只有经济建设发展得更快了，国防建设才能够有更大的进步。"[1] 为此，"应该尽量减少军费的支出，集中更多的资金来加强经济建设。"[2]"我们能争取到相当长时期的和平建设的条件。……需要考虑怎样把最大的力量集中到和平生产方面，同时把国防建设同平时生产结合起来。"[3]

1956 年 2 月，毛泽东在听取当时的二机部工作汇报时明确提出："要学习两套本事，在军事工业中练习民用产品的本事，在民用工业中练习军事产品本事。这个办法是好的，必须如此做。"[4]同年4月，毛泽东在听取关于第二个五年计划汇报时指出："国防工业是否生产那样多的产品，也值得研究。"[5] 在不朽名篇《论十大关系》中，毛泽东专门论述和强调

---

① 《建国以来毛泽东军事文稿》中卷，军事科学出版社 2010 年版，第 308 页。
② 《朱德年谱》，人民出版社 1986 年版，第 404 页。
③ 《朱德年谱》，人民出版社 1986 年版，第 401 页。
④ 《建国以来毛泽东军事文稿》中卷，军事科学出版社 2010 年版，第 306 页。
⑤ 《建国以来毛泽东军事文稿》中卷，军事科学出版社 2010 年版，第 307 页。

了要正确处理经济建设和国防建设的关系。在最高国务会议上，毛泽东强调指出：在生产上要注意军民两用，注意学会军用和民用两套生产技术，要有两套设备，平时为民用生产，一旦有事，就可以把民用生产转化为军用生产。朱德也认为："经济建设和国防建设的关系问题，应以经济建设为主，国防建设为辅，国防工业应和民用工业相结合。"①1957年初，中共中央和国务院提出，国防工业要贯彻"两重任务、两套本领、平战结合"的方针。同年3月，国务院召开国防工业领导干部会议，进一步明确：学会两套本领，既生产军用产品，又能生产民用产品，是国防工业在和平时期的生产方针；必须在保证完成军用产品任务、积极增加新品种、提高企业技术水平的同时，学会生产民品的本领。为了贯彻这一方针，1958年3月，新组建的第一机械工业部明确提出："必须十分重视军民两种产品结合生产问题，军用工厂中，在充分保证尖端军事技术不断发展的情况下，应充分利用多余能力，转产民用产品。"② 在这一思想指导下，军工企业利用新建的民品生产线和原有军工生产线进行改造的建设成果，掀起了民品开发生产的第一个高潮。1958—1965年，军工创造的民品产值占军工总产值的比重达到60.8%，其中1960年高达74.5%。③

进入20世纪60年代以后，国际形势发生了急剧变化，中苏关系破裂，我国周边环境很不稳定，战争的危险性增大，国家安全面临严重威胁。在此背景下，毛泽东提出："必须立足于战争，从准备大打、早打出

---

① 《朱德年谱》，人民出版社1986年版，第402页。
② 程新桥等：《新中国军事经济史》，海潮出版社1994年版，第71页。
③ 彭坚：《中国工业的平战结合与军民结合》，兵器工业出版社1989年版，第4页。

发，积极备战，立足于早打、大打、打原子战争。"①在这一思想指导下，国防建设进入临战状态，军品生产任务压倒一切。1960年12月，在国务院召开的国防工业部、局、厂三级干部会议上，国防工业搞民品生产被批判为"不务正业"。会后，国防工业为民品生产铺开的基本建设项目纷纷下马，已建成的民品生产线全部拆除，军工企业又回到了单一军品生产的路上去。在此后的近20年时间，由于强调军品科研生产的特殊性，国家建立了军民分离的两个科研与生产系统、两套领导班子和人马，国防科研、生产与民用科研、生产的内在联系被严重割裂了。"军民两用"的思想也因此未能得到有效贯彻落实。

当然，在此期间我们党对经济建设和国防建设辩证关系的探索并未中断。1964年8月，毛泽东生动地把国防建设与经济建设的关系比作"拳头"与"屁股"的关系，他说："屁股"坐稳了，打出去的"拳头"才有力量。在当时极端困难的条件下，我们党举全国之力，集军民才智，上马了"两弹一星"工程，使我国的某些尖端科技赶上了世界先进水平，产生了巨大的军事效益、政治效益和经济效益。

总体来看，这一时期统筹经济建设和国防建设的探索和实践，主要受两大因素的制约。一是受当时国民经济基础比较薄弱的制约，一旦发生战事，军费开支所占比重往往很高，给两大建设的协调带来困难。二是国家安全形势始终比较紧张，先后经历了抗美援朝、对印自卫还击战、中苏边界局部冲突等重大事件，台海局势持续紧张，美国和苏联持续施压并形成战略包围，这一特殊背景，使得我们在经济和国防两大建设的实践中，更加注重国防建设。其中，也蕴含着某些战略判断失误的因素。

----

① 军事科学院军事历史研究部：《中国人民解放军的七十年》，军事科学出版社1997年版，第573页。

"军民两用"是我们党军民融合发展思想的理论源头。这一重要思想，充分体现了以毛泽东同志为核心的党的第一代中央领导集体的创造性探索，为我们深入认识和正确处理经济建设和国防建设关系提供了重要经验和教益。

"军民结合"思想的形成与发展

党的十一届三中全会以后，以邓小平同志为核心的党的第二代中央领导集体深刻分析国际战略形势和中国安全环境，作出了"和平与发展是当今时代主题，大规模战争短时间内打不起来"的重要判断，全党工作重心转到以经济建设为中心的社会主义现代化建设轨道上来。邓小平强调国防和军队建设要服从国家经济建设大局，同时要在经济建设发展的基础上不断提高国防和军队现代化建设水平。在1978年后近二十年的时期内，我国国防费占国家预算开支的比重迅速由20%降低至10%以下，占GDP的比重更是降到1.5%以下。在当时条件下，作出军队要"忍耐"这一重要决策，是适应世界经济发展潮流的必然选择，也是没有选择的选择，是唯一正确的选择。在历史实践中，逐步形成了军民结合思想的丰富内涵。

关于国防科技工业军民结合的"十六字"方针。在长期临战准备的思想指导下，我国国防科技工业存在自成体系、自我封闭、摊子过大、管理重叠等问题。1982年1月5日，邓小平在听取有关国防工业问题汇报时指出："国防工业过去讲四句话，叫做'军民结合，平战结合，以军为主，以民养军'，不要提'以军为主'，改为'军品优先'，其它三句话不变。""十六字"方针具有深刻的内涵。"军民结合"是总体战略要求，即国防工业和民用工业两支力量相结合，在国防科技工业内部军品生产与民品生产相结合。"平战结合"强调在和平时期抓紧军品科研，保证国防科技发展势头，同时研制国计民生需要的产品，并建立灵活的平战转换机制。"军品优先"是处理军品任务与民品任务关系的原则，明确了军工企业对军品生产任务应承担的责任和义务。"以民养军"是指军工企业通过大力发展民品，取得的高技术成果可用于军品的开发和生产，最终形成军民品生产相互促进的良性循环机制。党中央、中央军委还作出了一系列重大决策，明确指示国防科技工业要实行战略转变：在服务方向上，既要为国防建设服务，又要腾出更多力量为国民经济建设服务；在建设目标上，要从"单一军品型"调整改造为"军民结合型"；在管理体制上，将核工业部、兵器工业部、航天工业部划归国务院直接领导，为推动军民结合奠定组织基础；在经营方式上，引入市场竞争机制，部分产品实行合同制。"十六字"方针的提出，是中国国防科技工业发展指导理论的一次飞跃，为国防建设与经济建设协调发展开辟了新道路。

关于军事工程设施对社会开放。20世纪六七十年代，在立足于"早打、大打、打核战争"的思想指导下，我国修建了大批军事工程设施。随着国防建设指导思想的战略性转变，原有的一些军事工程设施出现了闲置，如何弥补民用基础设施的不足提上了议事日程。邓小平指出："无论空军也好，海军也好，国防科工委也好，都应该考虑腾出力量来支援国民经济的发展。如空军，可腾出一些机场，一是搞军民合用，一是搞民用，支援国家发展民航事业。海军的港口，有的可以合用，有的可以腾出来搞民用，以增大国家港口的吞吐能力。"①在这一重要思想指导下，我们加快了军事设施向社会开放的进程，为国家经济建设作出了重要贡献。

关于大力培养军地两用人才。邓小平指出，要把军队办成一个大学

————————

① 《邓小平文选》第三卷，人民出版社1993年版，第99页。

校，使军队干部"成为军队和地方都合用的干部"①，"使我们的干部和战士，经过训练以后，既能打仗，又能搞社会主义建设。"②1983 年，邓小平题词："大力培养既能打仗又能搞社会主义建设的军地两用人才。"③ 邓小平强调，要"使干部既学到现代战争知识，又学到现代科学知识和生产知识，还要学会做政治工作和管理工作"，要使战士"做到一兵多能。要学政治、学军事、学技术，还要学点数理化，学点工农业知识，学点外语"，"这对国家建设有利"。④ 这些重要思想，有力推动了军民两用人才队伍建设。

"军民结合"思想，强调把军民结合的领域由国防工业领域拓展到军事设施利用和军事人才培养领域，强调军工技术、军工产能、军事劳动力、军事设施向民用领域的转移，深刻反映了以邓小平同志为核心的党的第二代中央领导集体进入和平与发展时代所进行的探索，是对"军民两用"思想的继承和发展。

"寓军于民"思想的形成与发展

进入 20 世纪 90 年代以后，世界多极化和经济全球化的趋势深入发展，新军事革命来势凶猛，许多国家纷纷把争夺经济技术和军事优势、提高综合国力作为夺取 21 世纪战略主动权的制高点。我国国家安全和稳定面临新的考验。以江泽民同志为核心的党的第三代中央领导集体提出了"寓军于民"思想。

关于寓军于民的战略地位。江泽民强调，"坚持寓军于民，是一个关

---

① 《邓小平文选》第二卷，人民出版社 1994 年版，第 78 页。
② 《邓小平文选》第二卷，人民出版社 1994 年版，第 80 页。
③ 《邓小平关于新时期军队建设论述选编》，八一出版社 1993 年版，第 128 页。
④ 《邓小平关于新时期军队建设论述选编》，八一出版社 1993 年版，第 127 页。

系国民经济和国防建设全局的重大问题。把经济建设搞上去和建立强大的国防，是我国现代化建设的两大战略任务。我们必须坚持以经济建设为中心，国防建设服从国家经济建设的大局，同时又必须不断增强国防力量，使国防建设在国家财力增加的基础上不断有所发展。寓军于民，是把这两项战略性任务有机统一起来的重要举措。"① 这一思想，对于优化全社会科技和生产力量的布局，促进军民科研生产体系之间的联系、结合与合作起到了重要指导作用。

关于提高军民兼容程度。江泽民指出，"国防经济和社会经济、军用技术和民用技术应该相互兼容、相互促进"②。要"按照发展社会主义市场经济的要求，坚持军民结合、平战结合，建立和完善国防工业运行机制，提高军民兼容程度"③。为此，要"把军事设施建设同地方基础设施建设结合起来，在铁路、公路、机场、码头等大型基本建设中贯彻军事要求"④，做到既促进经济发展，又增强国防实力。同时，"军官的学历教育、通用人才培养，都可以依托国民教育"⑤，走依托国民教育和军事教育共同培养军队干部的路子。此外，还"要适应发展社会主义市场经济的要求，改进物资筹措、供应办法，提高经费和物资使用效益"，"逐步形成军民兼容的后勤保障体系"⑥。

关于建立寓军于民的国防科技工业体制。江泽民提出，要对国防科技工业体制进行改革，积极探索建立"军民结合、寓军于民、大力协同、自主创新"的充满活力的国防科技工业新体制。他强调，坚持寓军于民，

---

① 江泽民：《论科学技术》，中央文献出版社 2001 年版，第 209—210 页。
② 《江泽民文选》第二卷，人民出版社 2006 年版，第 268 页。
③ 《江泽民文选》第一卷，人民出版社 2006 年版，第 473 页。
④ 《江泽民文选》第二卷，人民出版社 2006 年版，第 268 页。
⑤ 《江泽民文选》第二卷，人民出版社 2006 年版，第 268 页。
⑥ 《江泽民文选》第一卷，人民出版社 2006 年版，第 293 页。

就是要把军工系统纳入整个国民经济体系，建立军民结合、平战结合的科研和生产机制，提高军民兼容程度，增强平战转换能力[1]。国防科技工业要能军能民，有条件的军工企业要努力开发有市场竞争力的民用产品。军工企业要勇于进入市场，经受市场的考验，绝不可"躲进小楼成一统"，"鸡犬之声相闻，老死不相往来"。

关于增强平战转换能力。高技术战争是国家综合国力的较量，只有动员全社会资源，才能有效保障巨大的战争需求。江泽民多次强调，要"增强平战转换能力"，要"按照'平战结合、军民结合、寓兵于民'的方针，进一步调整和完善国防动员体制，提高国防动员能力"[2]；"提高快速动员能力和训练水平，真正做到召之即来、来之能战"[3]；要做好国民经济动员、科学技术动员、交通战备动员等各方面的工作，为未来的反侵略战争打下坚实的基础。

"寓军于民"思想，核心要义在于突破军民界限，在整个国家范围内统筹安排和合理配置军地资源，实现富国强军相统一。在这一思想指导下，我国加大了对载人航天工程等重大项目的投入力度，对国防科技企业进行改制重组，大力发展军民结合产业，国防和军队现代化建设有了较大的发展。

"军民融合"思想的形成与发展

党的十六大以来，我国进入了全面建设小康社会的新阶段，深入贯彻落实科学发展观和加快推进中国特色军事变革，对军民结合、寓军于民提出了新的要求。以胡锦涛同志为总书记的党中央继承我们党几十年

---

① 《江泽民文选》第二卷，人民出版社 2006 年版，第 276 页。
② 江泽民：《论国防和军队建设》，解放军出版社 2003 年版，第 342 页。
③ 《江泽民文选》第二卷，人民出版社 2006 年版，第 276 页。

探索的实践经验和宝贵成果，明确提出了军民融合发展的重要思想。

关于走中国特色军民融合发展路子。胡锦涛指出："必须站在国家安全和发展战略全局的高度，统筹经济建设和国防建设，在全面建设小康社会进程中实现富国和强军的统一。"① 走中国特色军民融合发展路子，就是从中国国情军情出发，把国防和军队现代化建设深深融入经济社会发展体系之中，能利用民用资源的就不自己铺摊子，能纳入国家经济社会发展体系的就不另起炉灶，能依托社会保障办的事都要实现社会化保障，从而使国防和军队建设与国家经济建设相互兼顾、相互促进、协调发展。

关于建立和完善军民融合"四个体系"。2009 年 7 月 24 日，胡锦涛在中央政治局第十五次集体学习时指出："要进一步完善军民结合、寓军于民的武器装备科研生产体系、军队人才培养体系、军队保障体系，完善国防动员体系，不断开创军民融合式发展新局面。"② 这一重要论述，深刻阐明了军民融合发展的主要内容③，明确了军民融合发展的主攻方向。

关于建立军民结合、寓军于民的经济社会发展体系。胡锦涛指出：

---

① 胡锦涛：《高举中国特色社会主义伟大旗帜　为夺取全面建设小康社会新胜利而奋斗》，人民出版社 2007 年版，第 41 页。

② 《胡锦涛在中共中央政治局第十五次集体学习时强调：走出中国特色军民融合式发展路子，推动国防建设和经济建设良性互动》，《人民日报》2009 年 7 月 25 日。

③ 军民结合、寓军于民的武器装备科研生产体系，就是要推进国防科技和民用科技的有机融合和互动发展，统一军民产品和技术标准，深化装备采购制度改革。军民结合、寓军于民的军队人才培养体系，就是要完善依托国民教育体系培养军队人才的体制机制，不断拓宽利用国民教育资源和国家人才资源的渠道。军民结合、寓军于民的军队保障体系，就是要全面建设军队现代后勤，实现保障体制向一体化推进、保障方式向社会化拓展、保障手段向信息化迈进、后勤管理向科学化转变。军民结合、寓军于民的国防动员体系，就是要建立健全国防动员组织领导制度，形成军民结合、平战一体的工作格局，推动国防动员体系和经济社会发展的有机融合，形成国防动员的整体合力。

"必须依据科学发展的要求，站在国家发展战略的高度考虑和设计国防和军队发展战略，合理确定国防和军队建设布局，通过科学的发展规划和计划把国防和军队现代化建设融入国家现代化建设的战略全局之中。"①还强调指出，"完善有利于军民统筹协调的体制机制，制定相应的法规政策和军民通用技术标准，在经济社会发展规划中兼顾军事需求，逐步建立起军民结合、寓军于民的经济社会发展体系"②。这些重要论述，深刻阐明了建立军民融合式经济社会发展体系的目标，是要"在更高层次、更广范围、更深程度上把国防和军队现代化建设与经济社会发展结合起来，为实现国防和军队现代化提供丰厚的资源和持续发展的后劲"③。

关于把军民融合发展作为转变经济发展方式。胡锦涛指出："要把推进军民融合式发展作为转变经济发展方式的重要内容，更加自觉地把国防和军队建设融入国家经济社会发展体系之中，推动国防建设和经济建设良性互动。"④在这一重要思想指导下，国家将军民融合式发展列入"十二五"规划，在新中国历史上第一次从国家战略规划层面对两大建设进行了全面统筹，开拓了战略构想转化为巨大物质力量的广阔空间。

"军民融合"重要思想，科学回答了军民融合式发展的建设重点、实现途径、根本方法等重大问题，确定了重点在武器装备科研生产、军队人才培养、军队保障和国防动员等方面构建军民融合发展的新体系，是

---

① 中国人民解放军总政治部编：《树立和落实科学发展观理论学习读本》，解放军出版社 2006 年版，第 200 页。
② 中国人民解放军总政治部编：《树立和落实科学发展观理论学习读本》，解放军出版社 2006 年版，第 212 页。
③ 中国人民解放军总政治部编：《树立和落实科学发展观理论学习读本》，解放军出版社 2006 年版，第 212 页。
④ 《胡锦涛参加十一届全国人大三次会议解放军代表团全体会议时并发表重要讲话》，《人民日报》2010 年 3 月 13 日。

一次重大突破和重大飞跃。

军民融合发展战略思想的形成

党的十八大以后，国际格局处于大调整大变革之中，国际军事竞争更加激烈，中国特色社会主义现代化建设和全面建成小康社会都进入了一个关键时期，经济社会发展和国家安全出现了很多新情况、新问题、新挑战，对统筹国家安全与发展全局提出了新的要求：必须把军民融合发展上升为国家战略。以习近平同志为核心的党中央，继承我们党长期探索的实践经验和宝贵成果，立足当代经济建设和国防建设协调发展的规律和趋势，着眼我国总体安全发展需求，就推动军民融合深度发展提出一系列新思想、新论断、新举措，形成了系统的军民融合发展战略论述。

在战略定位上，明确提出军民融合发展作为一项国家战略，关乎国家安全和发展全局，既是兴国之举，又是强军之策；在历史方位上，强调我国军民融合发展刚进入由初步融合向深度融合的过渡阶段；在总体目标上，指出要加快形成全要素、多领域、高效益的军民融合深度发展格局；在指导原则上，强调军民融合事关国家安全和发展全局，必须加强党的领导、强化国家主导，坚持国家主导、需求牵引、市场运作相统一；在重点任务上，先后对武器装备、人才培养、军队保障、国防动员、网络信息、空天海洋、基础设施等各重点领域的军民融合任务作出系统部署，明确了推进军民深度融合发展的主要任务；在战略途径上，提出要强化大局意识、强化改革创新、强化战略规划、强化法治保障；在制度保障上，指出要努力构建统一领导、军地协调、顺畅高效的组织管理体系，国家主导、需求牵引、市场运作相统一的工作运行体系，系统完备、衔接配套、有效激励的政策制度体系；在融合优势上，强调拥军优属、拥政爱民是我党我军特有的政治优势；等等。

这些重要思想，与时俱进地回答了我国军民融合"为什么融""融什么"和"怎么融"等一系列根本问题，初步形成了一个完整科学的军民融合战略认知体系，确立了军民融合发展战略的总体框架，为深入实施军民融合发展战略提供了坚实的思想理论基础。

从基本概念上看，军民融合发展中的"军"是指国防和军队建设，涵盖"武装力量、国防科技、国防工业、国防设施、国防动员、国防教育、国防资源以及边海空防"等内容；军民融合发展中的"民"则是指经济社会体系中与国防和军队建设紧密相关的领域，比如，与武器装备科研生产紧密相关的国家科技和工业体系，与军队人才培养紧密相关的国家人才教育和培养体系，与军队保障紧密相关的国家社会保障服务体系，与国防动员紧密相关的国家公共危机管理体系，与新质战斗力生成和提升相关的海洋、太空、网络空间等新兴领域。

制定和实施军民融合发展战略，就是对军民融合发展作出全局性、长远性、根本性的谋划，按照国防建设和经济建设的紧密相关性，统筹配置军民两大体系资源，将有限的社会资源转化为双向互动的生产力和战斗力，做到一份投入、两份收益。其核心要义是把国防和军队建设有机融入经济社会发展体系之中，使二者相互促进、互通共融、相互支撑；本质要求是优化资源配置，使资源效能最大化；根本目的是实现经济建设和国防建设协调发展、平衡发展、兼容发展，进而实现富国和强军相统一。

回顾新中国 60 多年的不懈探索和实践，我们深深感到：加快推进军民融合深度发展，将军民融合发展上升为国家战略，是当代中国共产党人对"军民两用""军民结合""寓军于民""军民融合"思想脉络的历史传承，也是深入探索实践当代经济建设和国防建设协调发展规律的一次重大飞跃。

二、着眼全局的重大决策

任何富有生命力的发展战略都是国家战略需求与历史规律相结合的产物。将军民融合发展上升为国家战略，是我国安全和发展相统一的战略需求，与战争形态信息化、技术形态军民通用化、经济形态高度市场化的时代条件紧密结合的产物。确立了这个战略，中华民族伟大复兴就有了最重要的国家战略支撑。

强军之策

建立起巩固国防和强大军队，是近代史上曾经饱受屈辱的每个炎黄子孙深埋于心的梦。但如何实现这个梦，还需要洞悉蕴含在现代战争制胜机理背后的东西。

当近几场信息化战争硝烟随着人们记忆的淡化渐渐飘逝而去之后，人们开始冷静思考这样一个问题：信息化条件下的战争强化的究竟是"国防"还是"军防"？实际上，这个问题背后所隐含的问题是今日战争与昨日战争的根本区别，或者说，现代战争对国家防务的深层意义。有人说，现代战争实施远程精确打击，战争潜力、国防经济布局和战时防护的意义大幅下降，人民战争已成为永远的历史。还有人据此断言：国防意义已经明显下降，而军事体系直接对抗的意义显著上升。实际上，信息化战争本质上是国家与国家之间的体系对抗，这种新的体系对抗，主要表现为国家综合国力、国防发展理念、军民融合程度、国防体制机制整体合力之间的较量和对抗。这种体系对抗，虽然并非始自今日，但在信息化战争条件下却得到了空前的强化。

战争形态变化是导致军民融合的深刻动因。美国未来学大师托夫勒夫妇在其1993年所著《战争与反战争：生存于21世纪的黎明》一书中提到，19世纪和20世纪的工业战争（其特点是庞大的军队、现代武器的大量制造以及大规模的破坏性活动）可以说已经结束了。在21世纪，工业时代的战争正在被信息时代的战争所替代。在机械化战争时代，飞机、坦克、军舰是完全独立于民品之外的纯战争工具，"大炮"与"黄油"的矛盾十分尖锐。正如列宁所指出的那样，要塞和军舰，这些东西在国民经济中不是一个正数，而是一个负数。现代经济技术发展改变了这一状况。据统计，一战时期，武器装备研制涉及的工业行业技术门类不到数十种；二战时期，扩展到数百种；到海湾战争时期，已达到了上千种。

今天，构成基于信息系统体系作战能力的军事信息系统、信息化武器装备系统、信息化支撑环境，其生成所涉及的资源几乎覆盖了整个国家的战略资源，使创造财富的方式与军事活动的方式深度融合，信息化条件下的战争也因此具有更加鲜明的高消耗性、高技术性、高依赖性特征，是典型的小打大备、小攻大防、小行动大保障。可以说，基于信息系统的体系作战能力，其根基已经深深植入经济社会的沃土之中。在信息化战争时代，安全与发展、经济建设和国防建设、军与民、平与战、前线与后方、军用与民用的界限越来越模糊，呈现不断融合的趋势。现代信息战争正在超出军人、军队、军事范畴。在科索沃战争中，南斯拉夫民众运用网络向北约指挥系统发送大量的空数据包和电子邮件，使其不能正常工作，创造了民众实施信息网络战的成功战例。这深刻说明，信息化战争是现代化人民战争的最新载体，也为信息化网络化人民战争提供了一个可资利用的全球化平台。信息化条件下的体系对抗，已不仅仅是两大军事体系的直接对抗和较量，而是更加鲜明地表现为以国家整体实力为基础的体系对抗。

从国家安全构成上看，现代国家安全是多种安全的统一，使国防更加具有国家体系对抗的属性。当前我国面临的安全态势极为复杂，传统安全威胁与非传统安全威胁相互交织，现实安全威胁与潜在安全威胁相互交织，国内安全问题与国际安全问题相互交织，军事安全威胁与其他安全威胁相互交织，国家战略利益拓展与维护国家安全相互交织。这种复合型国家安全，本质上是由经济全球化进程加速引发的。在人类处在比较封闭的时期，安全属性相对单一。随着经济全球化程度的加深，影响国家安全和发展的各种矛盾因子在相对加速的发展进程中，在相互影响和渗透的国际交流中，被充分诱发和释放出来，与各国特殊国情融为一体，形成各种安全威胁相互交织的情形。这种复合型安全结构，将国家安全与发展压合成为体现国家根本利益的"一块整钢"，国家对外防御功能与对内应对危机管理功能趋向融合，国防亦愈加具有维护国家安全与发展的总体战略特征。应对这种安全态势，我们须以军民融合之力，打造国家安全之盾。

从国防和军队建设所依托的经济形式看，市场经济的愈加成熟和发达，使军队保障更加依靠民用力量来实现和完成。在国防预算日趋紧张的条件下，市场经济要求融合的"天性"会更加发力，内在要求打破各部门、各领域自成体系、自我封闭的发展格局，通过竞争在全社会范围内优化军地资源配置，以实现生产力发展和战斗力提升两大效益的最大化。美国国防部修订采办法规，强调"优先采用民用产品、技术和劳务"，规定"在可行的情况下，可修改任务要求，以促进民用产品、技术和劳务"的采购。美军 F-16 战斗机训练模拟器原价 3500 万美元一台，利用好莱坞的电影拍摄和多媒体等技术后，单价成本下降为原来的 1/12，性能也显著改进。英国国防部颁发了《精明采办战略》，要求加强与工业界的合作，扩大民品采购范围和比例。通过军民一体化发展，可以有效降低国防建设机会成本，提高国防费使用效益。美国国防部的一项调查表明，如果开放国防市场，可使总成本降低 30% 至 50%。这些事例从一个侧面反映出，在市场经济驱动下，配置资源最优化、最合理的选择，就是能融则融，能纳入国家经济科技发展体系的就不另起炉灶，能依托社会保障资源办的事都要实行社会化保障，实现生产力和战斗力的同步提升和发展。发达国家在军队保障方面做足了文章，军事外包普遍成为军队保障的主要方式，凡是可以由民用企业承担的后勤保障和装备维修业务，都通过市场招标由民营企业承担，军方角色是"最挑剔的买主"。美军在海湾战争之前 200 多年的 10 次大规模军事行动中，承包商人员只有作战人员 1/6—1/3，在伊拉克战争和阿富汗战争中，承包商人员比重迅速增长，其总人数已远远超过作战人员。当今世界军民融合呈现出全方位、全要素发展趋势，军队战斗力和保障力大幅提高，战斗力生成模式也随之发生根本转变。这对我国具有格外紧迫的意义。目前，我军仍存在"走不远"的问题，但如果充分利用民用运力，"借船出海""借梯上楼"，就可以解决这个问题。我国目前拥有远洋运输船舶 2000 多艘，海员船员 65 万人，船队运力居世界第三位，大型海运企业在各国设立有上千个分支机构，在海外实际控股和经营的港口已有数百个之多。如果实行军民融合，利用强大的远洋运输力量为我军远洋投送服务，就可以大大拓展我军全球到达能力。还有，我军眼下存在"看不远"等问题，将民间力量纳入则可有效缓解这个矛盾。目前我国民用高新技术企业在电子、信息等许多领域，技术水平和研发能力均超过了军工企业，通过军民融合让这些拥有优势资源的企业"参军"，让数以万计的网络高手为国防和军队建设服务，军队的信息化建设就会提速，就能增强维护网络信息等新边疆安全的能力。

从未来国防和军队建设资源方面看，实施军民融合战略是实现国防和军队建设可持续发展的重要条件。据斯德哥尔摩国际和平研究所（SIPRI）2015 年军费数据，2015 年各主要国家人均军费水平如表 1-1 所示。

表 1-1 2015 年世界主要国家人均军费[①]

国家	人口（万人）	军费 （2014 年不变美元，百万美元）	人均军费 （近似，美元/人）
中国	137122.00	214787	156.64
美国	32141.88	596024	1854.35
日本	12695.85	40885	322.03
英国	6513.82	55460	851.42
法国	6680.84	50860	761.28
德国	8141.31	39393	483.87

由表 1-1 可以看出，2015 年我国人均军费仅相当于美国的 8.4%、日本的 48.6%、英国的 18.4%、法国的 20.6%、德国的 32.4%。我国国防建设需求与国防投入供给之间的矛盾将长期存在。因此，只有转变国防建设发展模式，最大限度地依托国民经济体系进行国防建设，才能在既定国防投入下获得最大的国防产出，使既定的国防投入更有效地满足国防和军队建设的需求。国防和军队建设只有充分利用民用资源，积极依托国民经济系统，主动融入到经济社会发展中去，变"被动输血"为"主动造血"，才能从根本上化解国防投入相对不足的矛盾。可以说，在今后相当长一个时期里，我国经济社会建设任务十分繁重，国防和军队建设任务同样十分繁重，这两个"十分繁重"决定了通过国家战略推进军民融合深度发展是我们唯一的选择。

简言之，在战争形态信息化、经济形态高度市场化和技术形态军民

① 军费数据来源于 SIPRI Military Expenditure Database 1988-2015，http://www.sipri.org/research/armaments/milex/resultoutput/sources_methods。

两用化的历史条件下，要求我们必须转变战斗力生成模式，从原来"封闭型"国防建设体系转变为军民一体化的"开放型"国防建设体系。只有科学运筹、使用国家和社会中蕴含的巨大经济、技术、信息、人才等能量，才能有效建设和大幅提高基于信息系统的体系作战能力，军队战斗力生成才能获得技术最先进、成本最经济、来源最稳定和可持续性最强的物质力量。

发展引擎

实施军民融合发展战略的一个重大国家需求是充分发挥国防和军队建设对国家经济社会发展的正向作用，对富国强国战略形成强力支撑。

然而，长期以来，人类认识这一问题始终摆脱不了这样一种传统逻辑：在资源总量一定的情况下，用于国防建设的资源增加，用于经济社会发展的资源会相应地减少；反之亦然。据此逻辑，军事开支对经济增长负面效应自然居多。因此，千百年来，军费一直被视为对社会经济投入的净扣除，除了能够为经济增长提供安全保障之外，总体上对经济增长具有显著的负面影响。其主要根据是：国防费将导致相当一部分资源从民用部门转向国防部门，形成排挤私人投资的"挤出效应"；增加国防费很可能要增加税收，而税收的增加又会抑制生产积极性；在公共开支一定的情况下，国防开支与其他公共开支呈现此消彼长的关系，国防开支的扩大会挤占教育、科技等项公共开支，进而对长期的经济发展带来损失。

第一个挑战传统命题的人是凯恩斯。遵循凯恩斯的思路，1973 年，美国经济学家贝努瓦（Benoit）进一步论证了和平时期国防费投入对经济增长的作用。在《发展中国家的国防与经济增长》一书中，他通过研究 44 个发展中国家跨度为 15 年（1950—1965 年）国防费投入与经济增长的关系，得出了一个石破天惊的结论："国防负担重的国家通常具有最快的经济增长率，而那些国防负担最轻的国家的经济增长率却往往是最低的"①。这一结论，犹如在平静的湖面上掀起阵阵波澜，引发了激烈的争论。

其实，国防费作为国防经济投入的价值形态，是国民经济运行的重要组成部分，属于国家战略经济的范畴，对民用经济运行通常会产生双重影响。一方面，国防费投入确实存在着对民用经济的排挤效应，在资源总量上存在着零和博弈的关系，即投入至国防部门的资金越多，用于民用经济的就越少。另一方面，如果将国防投入控制在一个合理的范围之内，并且通过军民融合充分发挥国防建设对经济建设的积极作用，国防建设又会对经济发展起重要的牵引和推动作用。面对这种双重作用，理性的选择是最大限度地减少二者的矛盾性，最大限度地发挥国防建设对国民经济的拉动和牵引作用。

当今世界各主要国家的实践已经充分证明，进入信息化战争时代以后，人类创造财富的方式与军事活动的方式开始深度融合，经济建设与国防建设早已跨越"非此即彼"的二元对立。走军民深度融合发展路子，就是我国依据世界发展大势、富国强军基本规律和中国国情提出的重大战略。这一重大战略的实质是将军民分割的两大体系整合起来，形成合力，使其既满足国家经济社会发展的需要，又满足国防和军队建设的需要，不仅使一份投入形成两份产出，而且在两个领域的良性循环中产生更大效益，充分分享富国与强军相互统一、相互促进的战略红利。

从现阶段我国面临的发展瓶颈上看，实施军民融合发展战略显得尤为重要。经过 30 多年的改革和发展，我国经济实力和国际地位都有了很

① ［英］哈特利等主编：《国防经济学手册》第 1 卷，姜鲁鸣等译，经济科学出版社 2001 年版，第 249 页。

大提升，目前经济总量已稳居世界第二位，但人均收入仍在世界平均水平之下，依然徘徊在世界第 70 位至 80 位之间。这一基本国情决定了发展经济、改善民生的任务十分繁重。当前，我国经济发展进入新常态，经济增长面临趋势性下降危险，面临着"经济增长换挡期""结构调整阵痛期"和"前期刺激政策消化期"的"三期叠加"问题。如图 1-1 所示，我国经济从高速增长转为中高速增长甚至中速增长。我国经济正处于结构不断优化升级，增长的动力正在从要素、投资驱动转向创新驱动。要保持经济可持续发展，就需要从供给端发力，实现经济增长方式由粗放型向集约创新型转变。

（单位：%）

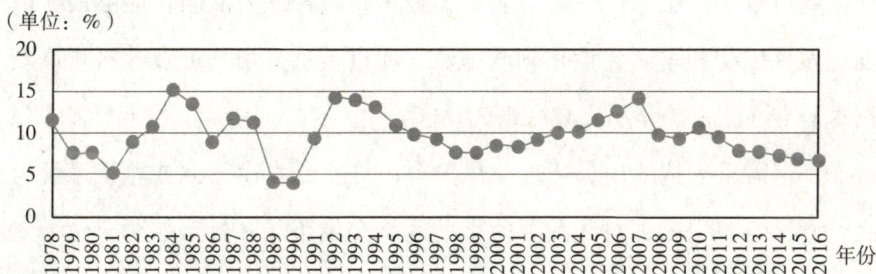

图 1-1　1978—2016 年中国经济增长率变化曲线①

可以说，国防和军队建设所依托的经济母体正在发生深刻变化，促使国防建设发展方式从原来粗放分离型向集约融合型转变。在原来军民分离模式中，国防和经济两大体系相对封闭、互不相通，国防投入一经进入军事消费领域，就不再进入社会再生产过程，国防投入成为一种非生产性纯消耗，国防建设的机会成本很高。而在融合模式中，国防和经济两大体系的技术、人才、资金、商品、信息等资源要素呈现双向扩散、交流和融合的态势，战斗力生成方式和生产力生成方式趋向融合，二者

① 根据国家统计局网站公布数据计算绘制而得。

之间原来关于资源争夺的竞争性关系逐步弱化，进而大大降低国防建设的机会成本，使军事和经济形成良性互动的发展模式。

实践证明，军民融合对社会经济资源优化配置极为重要。我国船舶制造业为什么在船舶载重吨总量上会超过韩国、日本而位居世界第一？重要原因在于军用船舶业几十年的持续拉动。北斗系统为什么能产生数千亿元的产业带动效应？为什么能带动智能汽车、物联网、车联网等一批新业态？根源在于它对国民经济技术产业群所产生的前向关联和后向关联的带动效应。"神舟"飞天、"嫦娥"探月等大型国家工程，也都有力拉动了高端技术和产业的快速发展。

概括地说，在当代中国，深入实施军民融合发展战略，能够最大限度地发挥国防和军队建设在刺激增长、促进转型、增加就业、孵化高新技术等方面的重要作用，具有强大动能。

一是需求创造效应。通过军民融合，许多原本由军队或军工系统自我经营、自我保障、自我配套的事情逐步交由市场和社会去做，会释放出巨大的市场内需潜力，形成拉动经济增长的持续动力。特别是未来军队大力推进机械化信息化复合发展和有机融合，将会为利用经济社会资源加强国防和军队建设提供旺盛的需求条件。

二是技术创新效应。历史表明，许多革命性的科技创新都源于军事需求的强力拉动。军队和军工系统长期积淀形成的优质创新资源和技术，一旦加速向民用领域开放共享，并与市场需求相结合，就会激发无尽的创新活力，催生一大批新技术、新产品、新产业，加速经济结构转型升级。当前，新一轮科技革命和产业变革正在加速演进，全球科技创新异常活跃，3D打印、物联网、大数据、人工智能、虚拟现实、新材料、新能源、生物科技、深海深空探测等高新技术迅猛发展。2016年3月的"人机大战"举世关注，展现出人工智能应用于经济社会领域的无限空间。

世界军民融合发展正进入一个"创新引领、多点突破、体系重塑"的全新阶段。

三是创造就业效应。军民融合产业往往都集中在高端制造业和现代服务业领域，创造的就业岗位一般都是高质量的，有助于解决当前大学生就业难等问题。

四是资源节约效应。军民之间体系壁垒的打破、利益高墙的拆除、市场力量的引入，必将带来更加显著的规模经济、范围经济和分工效率，根治军地重复建设、效益低下、共享不够、浪费严重的顽疾，确保把有限的国家资源用在安全和发展的刀刃上。

由此可见，通过军民深度融合，打破国防和经济两大体系之间造成低效率资源配置的制度壁垒，将军民融合打造成转方式、稳增长、调结构、增效益的重要手段，进而促进新质经济科技力的生成，是供给侧结构性改革中的国防建设篇。做好军民融合深度发展这篇大文章，我们就能集中全社会的力量、共用一个经济技术基础进行经济建设和国防建设，就能极大地提升综合国力和国家可持续发展能力。

复兴基石

近代以来，世界大国兴衰的历史，看似混沌无序，实则蕴藏着亘古不变的铁律：大国崛起，成于经济和军事的协调；大国衰败，败于经济和军事的长期失调。一个大国要在激烈的国际竞争和剧烈的权力格局变动中赢得主动，关键是实现经济系统和军事系统相互融合、相互促进的良性互动，进而实现新质生产力和新质战斗力的双向跃升。

这是一条极其重要的历史经验。在世界近代历史上，挑战世界头号强国的西班牙、法国、德国、日本和苏联谁都没有挑战成功，根源之一是这些挑战国在挑战头号强国的过程中经济与军事关系出现了严重失衡。

而与苏联进行军事对抗的美国，并没有走简单的武力扩张道路，而是把富国和强军统一起来。冷战时期美国与苏联一直在展开激烈的军备竞赛，但苏联垮了，而美国却保持了长盛不衰，重要原因之一在于美国大力推进军民一体化，而苏联则反其道而行之。

"国不富不可以养兵，兵不强不可以摧敌。"古今中外民族兴替沉浮的历史证明，安全是发展的前提，发展是安全的物质基础。在资源有限，而经济和国防都愈加重要的情况下，"黄油"和"大炮"如何兼得？世界主要国家大力推进军民融合的实践已经作出了清晰的回答：大力促进经济与国防之间的良性循环，实现军事能力整体跃升和国家经济实力增强的双赢，是国家长治久安的根基。

当前我国正处于中华民族复兴的关键时期。在实现民族复兴的漫长进程中，我们将始终面临着一系列特殊的制约因素。这些制约因素可以从不同角度观察：作为正在崛起的国家，要应对来自以美国为首的西方国家对中国战略发展空间的打压、遏制和排挤；作为世界唯一一个尚未完成统一的大国，需要解决日趋复杂的台湾问题；作为一个周边安全环境不稳定的国家，面临着世界上最为复杂的大国地缘政治生态环境；作为当代最有影响的社会主义国家，要始终面对来自西方世界的"西化""分化""妖魔化"等种种挑战；作为不结盟国家，没有他国或军事联盟的军力联合或保护，需要独立发展防卫力量；作为一个自然灾害频发的国家和经济社会转型的国家，抢险救灾、应对突发事件的任务格外繁重；作为一个拥有五十多个民族的国家，要面对"藏独""疆独"等民族分裂势力的严峻挑战；作为一个由传统经济向现代经济转型的后发国家，在经历一个经济粗放发展和量的急剧扩张之后，需要实现经济结构转型升级；作为一个科学技术水平相对落后的国家，始终面临提高自主创新能力、增强信息时代的国家核心竞争力的压力；等等。

解决这些难题，应对严峻挑战，特别需要在国家治理现代化的框架下统筹安全与发展，在国家战略层面上推进军民深度融合。这样，既有利于增强国家战争潜力和国防实力，也有利于促进经济发展方式转变和经济结构调整。在这方面，我们肩负着极为繁重的历史任务。

长期以来，我国在传统体制下形成的条块分割，导致军口和民口"两张皮"的情况，偏离了国家治理现代化轨道。今天，我们迫切需要通过深度融合实现军民之间的"车同轨、书同文"。否则，国家就会像"一麻袋土豆"，陷入"有资源无聚合、有实力无能力"的境地。事实上，在国家、国防和军队管理日趋复杂的今天，只有把军民融合发展上升为国家战略，才能更好地凝聚国家力量，形成中央、地方、军队、企业、社会等各方协同推进军民融合深度发展的格局，加快国家治理现代化进程，才能在更广范围、更高层次、更深程度上推进军民融合，才能源源不断地获取维护兴国强军的强大物质力量、精神力量、制度力量。反过来说，如果军民深度融合实现不了，造成的直接损害就是，国家还要用两大资源系统分别进行两大建设，结果肯定是成本高、效果差、体系对抗能力建立不起来，富国强军自然就实现不了，民族复兴进程就要艰难得多、漫长得多。大力推进军民深度融合发展的战略玄机正在于此。

三、赢得国家战略优势的重大举措

当今世界正处在国际力量新格局形成的历史前夜。各大国都在加紧发展和改革，正在展开一场决定未来命运的激烈竞争。中华民族也到了一个关键的"坎儿"上：如能成功治内安外，则大业必成；反之，则会陷入"中等收入陷阱"、转型陷阱、塔西佗陷阱、修昔底德陷阱不能自拔，慢慢沦为一个沉寂的大国。面对日益激烈的综合国力竞争，我们的事业就如同逆水行舟、不进则退。我们要端起历史规律的望远镜，把党和人民的事业放到历史长河和全球视野中来谋划，站在时代前沿观察思考问题。

从历史规律看，走向军民融合是历史大逻辑。在军民关系方面，人类大致经历了一个"合""分""合"的过程。农业社会对应于冷兵器时代，军民兼容发展，较低的生产力水平，决定了兵和农必须合一。工业社会对应于机械化战争形态，这时军事工业逐渐从民用部门中分离出来，相对独立，而且一直领先于民用技术，出现了军民相对分离的趋向。信息社会对应于信息化战争时代，军事活动所需的资源覆盖范围是全社会的，信息化战争的体系对抗，更加鲜明地表现为以国家整体实力为基础的体系对抗，这就要求军民融合。

从世界趋势看，"随着科学技术快速发展，国家战略竞争力、社会生产力、军队战斗力的耦合关联越来越紧，国防经济和社会经济、军用技术和民用技术的融合度越来越深。"① 新一轮科技革命、产业革命、军事革命加速推进，主要国家为在激烈的国际竞争中谋求先发优势，都在不断拓展军民融合发展的深度和广度，世界军民融合正进入一个以"创新引领、多点突破、能力重塑"为鲜明特征的发展新阶段。在这个潮流中，美国等主要发达国家已处在军民深度融合期，一些发展中大国正在谋求军民深度融合，总体上呈现四大军民融合发展态势：

态势一：争夺信息时代的经济技术制高点成为大国推进军民融合的深层动因。每一个时代都有一种主导的核心经济技术力量决定着国家实力的发展，左右着国际力量格局的演变。近代史上两次最大的大国权力

---

① 《习近平在出席解放军代表团全体会议时强调　加快建立军民融合创新体系　为我军建设提供强大科技支撑》，《人民日报》2017 年 3 月 13 日。

转移，即英国取代荷兰、美国取代英国，军事等手段虽然极为重要，但权力更替本质上都是核心竞争力量发生根本改变引起的，即工业经济取代传统商业经济、工业金融资本取代传统生产资本引起的。目前，人类已进入信息经济技术时代。这个时代大国竞争的焦点，就是看谁能打造出军民一体化的国家战略能力，在世界技术形态发生重大转换之际，尽快转换本国的经济技术基础，以占领知识经济时代的制高点。为此，各主要国家相继出台了一系列重大举措。美国为应对中国、俄罗斯等"大国威胁"，积极策划实施"第三次抵消战略"。从奥巴马"我无法忍受美国成为世界第二"，到新任总统特朗普提出的"让美国再次伟大"，均来源于对美国国力衰退和中国国力上升的趋势的认知。随着大国之间战略竞争的加剧，俄罗斯、日本、欧盟国家以及印度也都在积极筹划如何通过有效的战略运作来实现军民一体化发展，以谋求和维系国家军事能力和综合国力竞争的优势，由此构成新一轮世界军民融合浪潮的兴起。

态势二：军民通用技术发展成为推动军民融合的强大动力。在历史上，军用技术一直领先于民用技术。第一台计算机就是应美国军械部要求，为美国陆军计算弹道提供火力表的需要而研制的；原子能技术发端于第二次世界大战时美国针对敌对国德国而展开的原子弹研究；因特网起源于美军的局域网；美国航天技术的主要投资者是国防部。可以说，作为20世纪重大技术发明代表的航空、航天、核能、计算机和网络，无不产生于军事领域，之后逐步向民用领域辐射和拓展。这一技术扩散路径，鲜明反映了军事专用技术的历史地位。二战以后，美国每10年左右推出的"以军带民"的高科技发展计划，"曼哈顿""阿波罗""航天飞机""星球大战""信息高速公路"计划等，无不如此。现在这个规律已经被颠覆。从20世纪70年代中期开始，人类经历了以信息化、智能化为特征的第四次技术革命，民用技术和军事技术之间的界限越来越模糊。

这次革命标志着军民通用技术时代的到来，信息化战争形态下的武器装备，无论在种类、性能还是在高技术含量上，都远远超出了传统军工部门的研究和生产能力，迫切需要在全社会范围内整合、优化资源。美国国防部敏锐地捕捉到这一变化，2002年就提出，美国社会信息化程度已高于军队信息化程度，商业革命的发生先于军事革命，军民两用技术成为军事技术的主体，要充分利用商业革命促进军事革命的深入发展。美国国防部前副部长保罗·卡明斯基（Paul G.Kaminski）曾说过："谁能在最短时间内掌握商业技术，将其融合到武器系统之中，并装备这些武器系统，谁就能够掌握战争的主动权。"数年前，美国商务部和国防部同时列出的关键技术中，有80％以上是重叠的。这从一个侧面反映出军事专用技术虽然不会消失，但其特性越来越弱，人类已经进入军民技术通用时代。在这个时代，民用科技已经大大领先于军事科技，重大先进科技往往先发明于民用领域，而后向军事领域拓展。据国外专家估计，美、英、法、德、日等世界主要发达国家发展信息化武器装备所需要的高新技术80％—90％来自地方企业。因此，通用技术时代到来的本质意义，就是军与民两大领域真正成为相互依存、相互促进的一对"命运共同体"。这为军队战斗力建设提供了无限广阔的军民两用技术来源。近年来，我国民营高新技术企业已发展到10多万家，许多企业在新材料、能源、电子、信息等领域，技术水平和研发能力超过了军工企业。如果不能从国家战略上推动军民融合，就会在新技术革命和军事革命的浪潮中进一步拉大我国与发达国家之间的差距，就不可能实现国防和军队建设的现代化。加快推进军民深度融合发展，就能在新技术革命和军事革命的浪潮中，赢得战略优势，进而为不断提升新质战斗力提供领先时代的强大力量。从国防技术基础上看，当代军事革命与商务革命的紧密结合，使国防更加具有国家体系对抗的属性。

态势三：政府和市场形成强大合力成为推进军民融合的基本方式。 发达国家推进融合的主要手段：一是国家综合施策强力推进。二是用整个社会的力量推动军队信息化建设。三是以新的作战需求牵引国防工业发展，实现了社会化整合、集中化运作、市场化采购，洛克希德·马丁、波音等大军工集团始终保持着较高的对外承包比例，更多的中心企业开始进入军工科研生产领域，培育了各种类型的创新公司。四是用军事外包保障军队后勤。五是初级生长军官主要依托国民教育体系培养，主要发达国家每年 80% 以上的初级生长军官来源于地方大学。六是基础设施建设全面贯彻军事要求，努力实现高速公路与军事快速通道相结合，服务区与兵站相结合，隧道与隐蔽工程相结合，高速公路与飞机跑道相结合，交通枢纽与战储基地相结合。

态势四：以颠覆性技术创新加速推动新军事革命成为军民融合发展的重要趋向。 当前，世界主要大国普遍进入军事战略全面调整期、军事变革持续深化期、高新武器快速发展期，大国军事竞争螺旋式上升。世界主要国家纷纷想尽招数，竭力利用国家资源和社会力量进行颠覆性技术创新，以提升国家整体防务能力。美国国防高级研究计划局引领颠覆性技术创新给人以深刻启示。该机构成立的背景是，1957 年，苏联先于美国发射人造卫星，美国震惊不已、倍感挫败。美国人痛定思痛，在深入反思其国防科技创新体制弊端后，认为之所以遭遇苏联的技术突袭，根本原因是对基础性研究的疏忽。美国当时的国防科研管理体制，军种主导型号研制，而型号研制追求满足当前作战任务需求，重点关注现实需求而无暇顾及远期的技术变革，而那些从事基础研究的人员，尽管能预见事情的发生，却又得不到相应资源实现其想法。这一事件促使艾森豪威尔总统在 1958 年成立了国防高级研究计划局，专门资助从事基础性、前瞻性和根本性的创新研究，以在远期的基础研究和近期的军事应用之间架设一道桥梁。这一机制创新，带来了美国长期的技术优势。进入 21 世纪后，美国不断强化国防高级研究计划局（即 DARPA）机制，加强军队与私营企业、科研机构的无缝对接，竭力培育创新文化。与此同时，欧洲国家也加快了军民融合步伐。欧洲防务局表示，增加国防研发投资，启动试行项目，加大项目投资。2015 年底，英国宣布确保每年将 1.2% 的国防预算用于技术创新，并斥资 8 亿英镑设立"军事创新基金"。俄罗斯也采取一系列措施推动军民协同创新，包括先期研究基金会资助前沿研究、创建科技链、设立创新日、建立"开放式创新之窗"等。日本防卫省展开了直接面向以大学、独立行政法人和大学自办企业为主的法人提供研究费用的募集活动，资助具有强大科研实力的一流大学开展军事项目研究。各主要国家用军民融合方式推进颠覆性技术的主要做法：向全社会开放的军政产学研协同创新机制；"双向三化"的技术转移机制；技术创新容错和风险分散的投融资和管理机制；设施、人才、资金、信息的资源整合共享机制。

面对浩浩荡荡的世界军民融合潮流和异常激烈的国际竞争态势，我国面临前所未有的机遇和挑战。随着我国综合国力的不断增强和"一带一路"的展开，我们越来越接近世界舞台中心，国际影响力越来越大。与此同时，也正进入一个与外部世界的摩擦多发期、矛盾凸显期，与外部世界的结构性挫动正明显加剧。而且，我国发展越是接近与外部世界和外部战略力量相对平衡的临界点，这种外部挫动的频率就会越高，强度也会越大。

一方面，国际金融危机后世界经济形势对我国特殊的经济发展方式带来了严峻挑战。目前，世界经济重心进一步由大西洋两岸向太平洋两岸、由西方向东方、由欧美向亚洲转移，国际力量格局正处于大变革、大分化时期，主要发达国家也进入一个国家竞争战略调整期。很多西方国家决策者认识到：发达国家经济的病根在于实体经济与虚拟经济严重脱节，实体经济托不住虚拟经济，所以美国等很多国家都要采取扩张实体和收缩虚拟以实现新的平衡。为此它们大力推进"再工业化"，进行"新工业革命"。有人据此断言，中国崛起将被正在兴起的西方新工业革命所终结。目前，我国已连续多年成为全球反倾销最大受害国，中国经济面临巨大转型压力。

另一方面，我国经济的快速发展引起的国际力量对比变化，使美国等西方国家不断强化对中国的遏制，来自安全方面的压力空前加大。邓小平曾经讲过，世界上有人怕中国发达，主要怕两点，一怕中国发展起来称霸，另一点怕中国发展起来同他们竞争。目前我们正面临这样的问题。根据国际货币基金组织统计，改革开放前我国经济总量排世界第十位，2010年超越日本位居世界第二位，2016年更进一步发展为占美国经济总量的62%左右。这不能不引起西方国家尤其是美国的战略焦虑。中国国家安全面临越来越大的外部压力。

面对这种压力和挑战，我国国际竞争力的内在素质仍然令人担忧。在我国的综合国力中，政治力、经济力、政府调控力相对而言比较强。而且，我国幅员辽阔，人口众多，资本资源相对充裕，国内环境稳定。主要问题是国力结构存在三个严重不平衡：在经济体系中，GDP总量与经济质量、经济结构、技术水平之间存在不平衡；在力量建设体系中，经济增长与社会、文化、生态、国防建设之间存在不平衡；在综合国力体系中，已有资源力量与战略运筹能力之间存在不平衡。这三个不平衡严重制约着中国由大到强的发展。这种国力结构的极不平衡，当然有政策、历史等多方面原因，但主要是由中国现代化发展道路决定的。中国的改革开放，实际上是在短短30多年时间里要完成三大转变，即由封闭转向开放、由计划转向市场、由农业和半工业化社会转向工业化和信息化社会。这些重大转变，在西方通常要数百年才能完成。在这么短的时间内要完成这么繁重的历史任务，经济发展速度又这么快，难免会产生一种"压缩式"的经济社会发展模式，所有的经济社会发展任务连同各类矛盾都被"挤压"在"短暂的历史一瞬间"。由此带来中国发展的两重性：主导方面是促进发展和进步的巨大历史价值；负面效应是，不可避免地导致发展的不协调、不和谐、不均衡、不可持续，也不可避免地导致社会、文化、生态、国防等领域建设的相对滞后，由此严重影响和制约着我国国际竞争力的提高。

为此，我们必须加快构建军民一体化的国家战略体系和能力。从根本上说，世界各大国积极推进军民融合，本质上并不是解决节约资源问题，也不是解决技术和装备的"代差"问题，而是消除国家统筹安全和发展的"制度差"，构建起军民一体化的国家战略体系和能力。这场特殊的国际竞争，直接关乎对信息时代国家安全和发展主导权的争夺，其背后是现代国家治理中理念与理念的交锋、体制与体制的竞赛，比拼的是看谁的制度更具适应性、更具变革能力，更能够通过深度融合来凝聚国家意志和全社会力量支撑国家安全和发展。在这种激烈竞争和特殊较量中，如果我们不能在军民融合发展上取得重大突破，不能通过军民融合发展战略统合分散的资源，不能打造强大的军民一体化的国家战略体系和能力，国家就会陷入"有资源、无能力""指头硬、拳头软"的尴尬境地，国家安全和发展就将失去最核心的支撑力，我们就会在这场争夺未来国防安全和现代综合国力主导权的竞争中败下阵来。把军民融合发展上升为国家战略，是中国走向世界舞台中心的必然逻辑。

* 第二章 *

军民融合发展战略框架

　　推进军民融合深度发展的宏大实践，迫切需要对我国军民融合发展作出全局性、长远性、根本性的谋划。从习近平军民融合深度发展的重要论述以及党和国家相关文献中，我们已经能够清晰触摸到一个主要由总体目标、历史方位、重点任务、基本原则、战略路径构成的军民融合发展战略框架。

一、总体目标

推进军民融合发展，应该确立一个怎样的战略目标？这是制定实施军民融合发展战略的首要问题，也是科学确定军民融合发展战略方位、原则、步骤、重点和路径的基本前提。航标"差之毫厘"，泊点就会"谬以千里"。战略目标的确定，不仅直接决定军民融合的深浅程度和战略效果，而且决定富国强军目标的最终实现。

以习近平同志为核心的党中央洞悉世界大势，着眼中国国情，对军民融合发展的总目标作出了科学概括。习近平指出，"今后一个时期军民融合发展，总的是要加快形成全要素、多领域、高效益的军民融合深度发展格局"[①]。中共中央、国务院、中央军委印发的《关于经济建设和国防建设融合发展的意见》（以下简称《意见》）明确提出："经济建设和国防建设融合发展的主要目标是：形成全要素、多领域、高效益的军民深度融合发展格局，使经济建设为国防建设提供更加雄厚的物质基础，国防

[①] 《习近平出席十二届全国人大三次会议解放军代表团全体会议》，《人民日报》2015 年 3 月 13 日。

建设为经济建设提供更加坚强的安全保障。"①2017 年 6 月 20 日，习近平主持召开中央军民融合发展委员会第一次全体会议讲话时，对军民融合发展目标的含义又作了新的拓展。习近平指出，加快形成全要素、多领域、高效益的军民融合深度发展格局，逐步构建军民一体化的国家战略体系和能力。② 这样，关于军民融合深度发展的总目标就有了更为全面、科学的表述。在这一表述中，"全要素""多领域""高效益"，是定位"军民深度融合发展"的三个基本属性，是需要首先达到和实现的基本目标。这一目标与构建"军民一体化的国家战略体系和能力"的目标在时序上有继起的关系，事实上体现着军民融合发展所要实现的基本目标与终极目标的关系。

"全要素"是指融合的资源形式，要求实现技术、人才、服务、资本、设施、信息、管理、标准等所有要素在经济和国防两大体系之间的共享共用，以及政策、制度、法规、文化等所有融合支撑性条件的相互渗透和兼容。通过全要素融合，要打破跨部门、跨行业、跨区域、跨层级阻碍军民深度融合的各类障碍，在国家层面充分整合军地资源，最大限度地促进生产力和战斗力两大生成系统资源的互通互用、兼容共享，使各种所有制经济、各类经济主体的一切优势资源的创造力在深度融合中竞相迸发，使有利于战斗力提升和生产力提高的全部要素都实现无缝对接、深度融合。

"多领域"是指融合的范围领域，就是要不断拓宽军民融合的领域和

---

① 《中共中央、国务院、中央军委印发〈关于经济建设和国防建设融合发展的意见〉》，2016 年 7 月 21 日，见 http://www.gov.cn/xinwen/2016-07/21/content_5093488.htm。

② 《习近平主持召开中央军民融合发展委员会第一次全体会议强调　加强集中统一领导加快形成全要素多领域高效益的军民融合深度发展格局》，《人民日报》2017 年 6 月 21 日。

范围，在更大范围、更广领域将国防和军队建设深深融入国家经济社会体系，尽最大努力使经济社会和国防军队两大系统中有交集的所有领域、全部行业都实现深度融合。做到能利用民用资源的就不用自己铺摊子，能纳入国家经济科技发展体系的就不另起炉灶，能融则融、应融尽融。按照《意见》部署，现阶段要求"基础领域、产业领域、科技领域、教育资源、社会服务、应急和公共安全、海洋开发和海上维权、维护国家海外利益"八个方面加快形成全方位、多领域的融合发展态势。通过重点推动上述领域的军民融合，构建基础领域资源共享体系、中国特色先进国防科技工业体系、军民科技协同创新体系、军事人才培养体系、军队保障社会化体系、国防动员体系。

"高效益"是指融合的效果，要求军地资源互通互补互用，通过生产力和战斗力的兼容发展，实现国防经济对民用经济拉动效应的最大化，以及民用经济对国防经济支撑效应的最大化。实现这"两个最大化"，要求我们要最大限度地减少国防建设对经济建设的"挤占效应"，同时还要更加合理地发挥国防建设对经济建设的"溢出效应"。这样，才能尽最大可能使经济建设和国防建设共用一个经济技术基础，达到整个国家资源在两大建设的优化配置，让所有资源和要素在其最合适的地方高效发挥作用，在军民共建共用中提高资源利用率、减少重复建设和资源浪费，做到一份投入，两份产出，多重效益。

在达成"全要素、多领域、高效益的军民融合深度发展格局"之后，还要"逐步构建军民一体化的国家战略体系和能力"，这是实现"全要素、多领域、高效益"这一基本目标之后的终极目标。归根到底，达成军民融合深度发展格局的最终目的，是形成强大的军民一体化的国家战略体系和能力，在国家安全和发展方面实现国家治理现代化。

构建军民一体化的国家战略体系和能力，首先要把军民融合发展理念和决策部署贯彻落实到经济建设和国防建设全领域全过程[①]，构建军民一体化的国家战略体系。目前，我国能称得上是国家战略的，大致分三个层次：一是最具宏观性的国家战略，如"一带一路""创新驱动"等；二是各重点领域的国家战略，如"海洋强国战略""制造强国战略""网络强国战略"等；三是区域性国家战略，如"京津冀协同发展战略""长江经济带战略""西部大开发战略""振兴东北战略"等。构建军民一体化的国家战略体系，就要把军民融合发展理念和任务贯彻到各个国家战略之中，完成军民融合战略与各国家战略的紧密结合。习近平特别强调，要把军民融合发展战略和创新驱动发展战略有机结合起来，加快建立军民融合创新体系[②]。同时还要用军民融合的理念和任务凝聚各个国家战略，使之成为一个强大的完整的中国国家战略体系。

军民一体化的国家战略能力，是将相互关联的各种军民力量集成为军民一体、总体增效的国家能力。构建这种国家战略能力，需要用军民一体筹划、一体建设、一体使用、一体管理、一体评估的强大力量，打造出军民一体化的国家经济力、科技力、文化力、军事力、制度力和战略运筹能力。

军民一体化的"国家战略体系"和军民一体化的"国家战略能力"，是相得益彰、相互促进的整体。构建这个体系和能力，对于国家组织、协调和运用国内外战略资源和战略力量，更加有效预防和应对各种重大威胁，更加有力维护和拓展国家利益至关重要。

---

① 《习近平主持召开中央军民融合发展委员会第一次全体会议强调　加强集中统一领导加快形成全要素多领域高效益的军民融合深度发展格局》，《人民日报》2017 年 6 月 21 日。

② 《习近平主持召开中央军民融合发展委员会第一次全体会议强调　加强集中统一领导加快形成全要素多领域高效益的军民融合深度发展格局》，《人民日报》2017 年 6 月 21 日。

总之，"加快形成全要素、多领域、高效益的军民融合深度发展格局"与"逐步构建军民一体化的国家战略体系和能力"，是一个相互关联的有机目标整体，构成了一个完整的战略导向体系，充分反映了我们党对当代经济建设和国防建设协调发展规律的深刻洞悉和把握，展现了现代国家统筹安全与发展的新思维新理念，为军民融合深度发展应该往哪"深"、往哪"行"确立了正确的航标。有了这个航标，我们在战争形态信息化、技术形态军民通用化、经济形态高度市场化的新时期，推进军民融合深度发展就有了正确的航向。

二、历史方位

目标定位确立之后，现实起点至关重要。明确我国军民融合发展的历史方位，是制定和实施军民融合发展战略的前提，是准确把握现阶段军民融合发展面临突出矛盾问题的关键。在这一重大问题上，我们党洞悉世界大势、着眼中国国情，明确提出"我国军民融合发展刚进入由初步融合向深度融合的过渡阶段"[①]，准确判明了我国军民融合发展所处的历史方位。

近些年来，我国在军民融合发展上迈出了坚实步伐，取得了丰硕成果，促进了经济实力和国防实力的同步增长。但与"全要素、多领域、高效益"融合目标相比，还有相当的差距。从我国武器装备科研生产情况看，据有关研究，军民融合度已经达到 36%—40%，而据美国国防部 2000 年报告，美国已基本实现了军工科研生产与国家工业基础的一体化。

---

① 《中共中央、国务院、中央军委印发〈关于经济建设和国防建设融合发展的意见〉》，2016 年 7 月 21 日，见 http://www.gov.cn/xinwen/2016-07/21/content_5093488.htm。

从依托国民教育培养军事人才情况看，近几年我军依托国民教育系统培养的初级生长军队干部的比例不到 30%，而美、英、德、法、俄等军队的这一比例一般在 70% 以上。从军队保障社会化情况看，近年来进展缓慢，没有实质性突破，基本上停留在几年前的水平，而美军在近几场现代战争中 80% 以上的后勤技术保障人员都来自承包商和预备役力量，基本实现了保障社会化。**综合来看，我国几个重点领域的军民融合程度还没有达到发达国家军队的一半，海洋、空天、信息等新兴领域的军民融合才刚刚起步。**当前，推动军民融合深度发展，还面临思想观念跟不上、顶层统筹统管体制缺乏、政策法规和运行机制滞后、工作执行力度不够、利益藩篱阻力较大等种种问题。归结起来，这些问题集中表现为党中央多次指出的体制性障碍、结构性矛盾和政策性问题。

同时也要看到，我国武器装备科研生产、军事人才培养、军队保障等几个重点领域仅实现了初步融合，海洋、空天、信息等新兴领域的军民融合才刚刚起步。迄今为止我国军民融合的重要进展，主要发生在一些利益格局相对简单、矛盾纠葛比较少的领域和环节。总体上看，目前我国的军民融合，层次还比较低，范围还比较窄，程度还比较浅，与实现民族复兴的要求相比还有相当差距，与世界发达国家的军民深度融合相比还存在巨大反差。如果现在一旦发生战争，我国还只能以部分国家实力为支撑的国防，来对抗以国家整体实力为支撑的西方大国军事体系，国家长期投入形成的优质国防经济资源，也不能充分发挥促进社会经济技术发展的重要作用。当前，我国军民融合正进入破解体制性障碍、结构性矛盾和政策性问题的攻坚期。

体制性障碍是当前制约军民融合深度发展的第一难题，实际上也是根由性问题。军民融合的基本作用力是统筹、整合、开放、交融，而现行体制中却存在明显的"碎片化"倾向。一是军地之间缺乏有效的体制连接整合，总体上仍处于军民分割的"二元体制结构"；二是军地两大系统内部各自为政，"多张皮""多龙治水"的现象十分突出；三是各融合领域之间缺乏统筹协调，各说各话，各干各事，各类融合之间缺乏统一规划和整合；四是融合体制缺乏有效的纵向贯通，不少融合领域在体制上仍存在着"上军下民"等不顺不畅的问题。这四个体制问题，说明我们现在不仅处在"军民分离二元体制"之中，事实上还处在军民分离"复合二元体制"之内。这些问题，直接导致了军民融合过程中职能"缺位""越位""错位"等现象，造成了"多头提需求、分散搞对接、各自抓建设"的需求对接障碍，也加剧了军民融合底数不清、渠道不畅、技术标准不协调、补偿机制不健全等问题。

结构性矛盾主要表现为我国国家安全和发展双重需求的日益扩大，而各军民融合领域的中低端技术产品供给能力相对过剩，高端供给能力相对不足。近年来，这种结构性矛盾越来越突出，严重制约着军民深度融合发展。这个矛盾，在网络信息技术、高端装备制造、海洋资源开发、航空航天技术、新材料新能源等领域尤为突出，军民融合发展缺乏载体和抓手，有效供给能力严重不足。在武器装备科研生产领域，基本格局是"有什么供什么"，难以满足不断升级的军事需求和国民经济发展需求。同时，大量关键装备、核心技术、高端产品还依赖进口，核心技术长期受制于人，特别是航空动力、关键元器件、关键材料和基础软件等发展还存在诸多瓶颈，引领未来发展的科技储备远远不够，国防科技和武器装备军民融合发展严重受制于核心技术供给短缺。

政策性问题主要是既有政策体系难以支撑军民深度融合发展。目前，在国家层面还缺乏规范军民融合方针、原则、组织领导、运行机制、责任义务、配套保障等方面的综合性法律。武器装备科研生产、军事人才培养、军队保障、国民经济动员、基本建设等领域的相关法规政策建设比较薄弱，海洋、太空、网络空间等新兴领域法治规范缺失的问题更为严重突出，难以对军民融合的主体起到应有的约束作用。"协调工作靠感情、解决问题靠关系、多做工作多吃亏"的局面还没有根本改变。军法民法之间互不兼容、相互矛盾甚至冲突的问题也比较突出，公司法、教育法、社会保障法等地方性法规中还缺乏与军民融合相关的内容。

产生上述体制性障碍、结构性矛盾和政策性问题的主要根源在于既定利益格局的阻碍。现实中，围绕实现军民融合而展开的资源整合和利益整合，常常与既定的思维观念、工作格局、利益结构发生碰撞和冲突。军地各部门各单位都从自身利益出发来权衡军民融合、决定相应行动，导致了军民融合中"大利大干、小利小干、无利不干""愿意'融'别人、不愿意被别人'融'"等问题。

作出我国军民融合刚进入由初步融合向深度融合过渡阶段的科学判断，对制定实施军民融合发展战略至关重要。这是我们清醒认识现阶段军民融合面临各种矛盾问题的根由所在，为有效突破这些重大瓶颈问题确立了重要前提。

三、重点任务

从特定角度看，现阶段我国军民融合的重点任务，根源于我国军民融合发展进程与主要发达国家的差异性。发达国家推进军民深度融合在进程上是自然渗透式的融合，在方式上是市场运作为基础、政府服务为辅助的融合，在领域上是均衡发展基础上重点推动颠覆性技术创新的融合。而我们是在一个经济技术落后的起点上，走了一条先计划、后市场的路，这条路总体上是成功的！但当我国开始谋求军民深度融合的时候，才倍加感到，我们的市场经济发育水平、军事革命起点、科技革命起点、融合程度与范围都明显低于世界主要发达国家。而与此形成鲜明对比的是：我国对军民深度融合的需求长期居高不下、非常强烈。在这种背景下搞军民融合，不可避免地带有"赶超型融合""国家主导型融合"的色彩，不可避免地要采用"全方位推进型融合"。

这条特殊的军民融合路径决定了，我们从初步融合走向深度融合，最重要最迫切的是完成两大任务：健全完善相关的政策制度体系；协调推进各主要领域的军民深度融合。

扎实推进政策制度建设是促进军民深度融合发展的基本任务，也是深入推进各领域军民融合的重要保障工程。目前正值我国军民融合政策制度深度发育期，军民融合相关政策制度处于体系形成期。能否有效化解制约我国军民深度融合发展中的各类体制性障碍、结构性矛盾和政策性问题，关键取决于未来相关政策制度的发育状况。为此，《意见》提出了系统的改革思路，即坚持问题导向，将影响国家安全和发展的全局性问题、单靠军地某一方面或一个部门难以协调解决的突出问题、各领域融合发展亟须解决的关键问题通盘考虑，构建了一个包含规划、体制、机制、政策、法治、标准、信息在内的综合举措体系。概括起来，就是构建和完善组织管理、工作运行、政策制度"三位一体"的制度体系。实现这种制度设计，实质是通过建立完善统一领导、军地协调、顺畅高效的组织管理体系，重点解决军民融合领导管理体制"碎片化"问题；通过建立完善国家主导、需求牵引、市场运作的工作运行体系，重点构建完善军地协调机制、需求对接机制、资源共享机制和监督评估机制；通过构建系统完备、衔接配套、有效激励的政策制度体系，重点健全投入保障、税收优惠、金融支持、产业扶持、军事采购、标准兼容等政策手段，同时加快综合性法律立法进程，开展军地相关法律法规立改废释工作，提高军民融合发展制度化法治化水平。

全方位推进军民融合，需要根据微观、中观、宏观各层次的任务需求全面展开。微观层面上，主要进行企业或企业集团在产品、技术、资本等要素的军民融合，将企业军民融合发展与现代企业制度构建有机统一起来，尤其注重探索建立和适时扩大军民通用的柔性生产线技术，健全军民融合发展的"细胞组织"，夯实军民融合发展的微观基础。在中观层面上，着重优化区域军民融合布局。尤其需要遵循经济布局调整与国防布局调整相统一的原则，按照沿海内陆联动、沿边沿江沿线衔接的要求，构建与国家经济社会发展战略相匹配、与各战区使命任务相适应的区域军民融合布局。这要求我们把军民融合发展，同"一带一路"建设、京津冀协同发展、长江经济带发展三大战略紧密结合起来，充分发挥各省区市各自的区位优势和经济社会发展的特点，聚合军地各种要素资源，打造一批辐射带动作用强、比较优势显著、核心竞争力突出的军民融合创新示范区，培育新质战斗力和新质生产力相互促进的区域融合发展格局，形成整体统筹、平战结合、功能互补的区域军民融合发展布局。宏观层面上，着力在各重点领域军民融合发展上取得重大进展。重点任务是：加强基础领域统筹，增强对经济建设和国防建设的整体支撑能力；加强产业领域统筹，建设中国特色先进国防科技工业体系；加强科技领域统筹，着力提高军民协同创新能力；加强教育资源统筹，完善军民融合的人才培养使用体系；加强社会服务统筹，提高军队保障社会化水平；强化应急和公共安全统筹，提高军地协同应对能力；统筹海洋开发和海上维权，推进实施海洋强国战略；维护国家海外利益。[①]

---

① 参见《中共中央、国务院、中央军委印发〈关于经济建设和国防建设融合发展的意见〉》，2016 年 7 月 21 日，见 http://www.gov.cn/xinwen/2016-07/21/content_5093488.htm。

四、基本原则

在当代中国，遵循什么原则和路径实现经济建设和国防建设融合发展，是考验中国共产党人政治智慧和战略能力的一个重大课题。着眼于世界发展大势、中国战略需求、国防建设属性、市场经济要求、融合动力塑造等多维视角，《意见》明确提出了必须坚持党的领导、强化国家主导、注重融合共享、发挥市场作用、深化改革创新的基本原则，构建了一个中国特色鲜明、充分体现军民融合规律的战略原则体系，为深入实施军民融合发展战略提供了基本遵循。

坚持党的领导。这是推进经济建设和国防建设融合发展的根本政治保证。《意见》鲜明提出，"党的领导是中国特色社会主义制度的最大优势"。当今世界，很多发展中国家都掉进了"低能力国家"陷阱，陷入了"弱政府、乱社会"的恶性循环。而强有力的共产党领导恰恰是举世公认的中国优势。特别是经过改革开放 30 多年的探索和实践，我们已经确立了符合本国国情、顺应世界发展大势的中国特色社会主义道路、理论体系和制度，党领导经济社会发展、统筹国家安全和发展的能力不断增强，应对复杂局面能力显著提高，党建环境不断优化，中国共产党成为中国特色社会主义事业坚强的领导核心。对此，美国副总统切尼的原国家安全事务助理弗里德伯格说："中国威慑的真正来源，在于一党制的集中统一的效率与市场经济的活力相结合。理论上，这是达成战略综合的最优方式。"这段话无疑道出了当代中国保持发展和强盛的一个重大战略要机。

推进经济和国防两大建设融合发展关键在党。统筹两大建设涉及诸多跨军地、跨部门、跨行业、跨区域的问题，主体多元，关系复杂，必须坚持党的领导。这是我们有效治理军口和民口"两张皮"和"多龙治水"问题，加快实现军民之间"车同轨、书同文"的关键。否则，国家就会陷入"有资源无聚合、有实力无能力"的境地。坚持党的领导，对促进两大建设融合发展意义重大。

为此，我们必须发挥党总揽全局、协调各方的领导核心作用，全面加强党对军民融合发展工作的领导，凝聚各方共识、调动军地各方力量，强化党中央对军民融合发展的统一决策、统筹协调，统筹处理好军队、政府和市场三者的关系，确保党的路线方针政策和决策部署贯彻到军民融合发展的各领域全过程。

强化国家主导。这是推进经济建设和国防建设融合发展的规律性要求。从共性规律看，国家强力推动，是世界主要国家推进军民一体化的通行做法。从制定实施国家战略到强化法治化建设，从人才培养到武器装备研发，从各类要素的整合到新兴领域的拓展，国家的主导作用愈加明显，是当代两大建设协调发展规律生动而具体的表现形式。从个性规律看，中国的军民融合尤其离不开国家主导。从总体上看，发达国家的两大建设的协调，是以成熟的市场经济体制和规范的法治环境为平台的，因而与社会经济转型之间不存在较大矛盾。而现阶段我国统筹两大建设是在社会经济体制仍在转轨的环境中进行的，经济环境、法治环境和政策环境还不很稳定、不够完善。这对我们实现经济建设和国防建设融合发展提出了格外严格的特殊要求：我们应当实施"强力推进型"方式，以党和国家坚强的意志力和贯彻力促进军民深度融合。

这里的核心问题，是以党和国家坚强的意志力和贯彻力破解利益屏障，在相关的体制、机制、政策、法规、标准、规划等问题上，充分体现统筹两大建设、推动军民融合发展的国家意志。对于任何一个国家而言，只要有足够长时间的政治稳定，就会出现特殊利益集团，最终慢慢导致这个国家的经济、社会、行政、法律等方面的体制、政策、组织变成最符合特殊利益集团的安排，使得该国发展的新动力越来越被抑制，最终导致国家衰落。目前，我们在推进经济和国防两大建设融合发展中也存在某种程度或某种形式上的国家利益"部门化"和"地方化"等问题，产生了各类利益集团，对军民融合整体推进产生一些显性和隐性的负面作用。实施军民融合发展战略最重要的功能，就是用国家坚强的意志力，消除利益集团的阻碍和隔断，在国家治理现代化的基础上实现两大建设的融合发展。

为此，要牢固确立国家在经济建设和国防建设融合发展中的主导地位，加强军地各领域各部门各层级的统筹协调，综合运用规划引导、体制创新、政策扶持、法治保障等手段，最大程度凝聚经济建设和国防建设融合发展合力。

这就需要我们超越部门利益和局部利益，强化国家意志和国家利益，认真研究统筹两大建设中国家主导的具体作用形式。其一，强化顶层设计职能，即科学制定和刚性实施两大建设融合发展战略规划。从国家层面上把军民融合纳入我国国民经济和社会发展规划，把军民融合这一国家战略意志转化为具体的战略目标、战略步骤。其二，强化体制机制建设职能，即建立协调统一的军民融合体制机制。当前最为紧迫的是在国家层面上建立军民融合深度发展的统一领导、军地协调、需求对接和资源共享机制，努力形成上下联动、业务归口、分工明确的融合运行机制。其三，强化政策法规建设职能，即营造有利于两大建设融合发展的政策法规环境，还要完善有利于两大建设融合的法律体系，修改和废止现有法规中不合时宜的法规政策、标准规范，加快《军民融合促进法》等相关法律法规的立法进程。其四，强化公共产品服务职能，即为推动两大建设融合搭建信息和交流平台。具体职能是：依托政府和军队信息网络设施，建设军民融合信息服务平台；在军地军民融合综合管理部门之间建立信息沟通渠道，定期互通信息；建立军民融合科技创新平台，推动军民两用技术双向转移和互相溢出；等等。只有不断探索行之有效的主导作用形式，才能使国家真正成为推动经济建设和国防建设融合发展的主导力量。

注重融合共享。这是统筹协调经济建设和国防建设的核心要义。其本质是促进经济和国防两大建设的"互动"，在军民之间消除体系壁垒和封闭隔离，建立一个开放系统，跨越资源配置上"此多彼少"的零和博弈困境，最大限度地促进两大系统间的人才、资金、物资、技术、信息、管理等全要素的交流和融合。对此，《意见》围绕经济建设和国防建设融合发展这条主线，明确了总体目标、发展构想，并根据当前我国正处在由初步融合向深度融合过渡的实际情况和战略需求，确立了全面推进军民融合发展的资源共享原则。

从统筹国家发展和国家安全所需看，资源配置大致可分为三个环节：国家资源在经济和国防两大领域的初次分配；资源在国防系统内不同部门之间的再配置；资源在经济和国防领域之间跨领域的再配置。显然，没有初次分配环节的合理分配，国防建设就成了无本之木、无源之水；没有再分配环节的优化配置，国防资源就难以有效转化为国防能力；而资源的跨领域配置，对于促进两大系统要素的优化组合和融合创新、在全社会范围内优化资源配置意义重大。这正是推进军民深度融合的根本原因所在，也是建设军民融合性国防体系的核心要义。

从机理上看，在军民二元分离结构下，两大体系之间要素相对凝固和隔离，本质上会形成一种"攫取性"国防建设体系。一方面，国家要用军民两大资源系统分别进行两大建设，结果肯定是成本高、效果差、军事体系对抗能力建立不起来，国家综合国力竞争力也将严重损害。另一方面，两大体系封闭隔离还会加剧国防资源配置的"虹吸效应"，即创新资源向国防产业过度配置、人才资源向国防领域过度配置、资本要素向国防领域过度配置。也就是说，一旦过量的资源配置到国防领域，整个经济系统的资源配置效率和创新效率就会下降，经济增长的潜力就会受到侵蚀，进而会陷入并加剧"国防系统膨胀—实体经济衰落—经济增速减缓"的恶性循环。当年苏联的国防建设体系正是如此。

在"融合性"国防体系下，情况大不相同。由于要素可以流动互动，一旦国防资源初次分配不足，则可通过跨领域配置得到相当程度的缓解。即使初次分配环节配置过度，也可通过跨领域配置的"融合渗透效应"，将部分资源再配置于国民经济系统之中，进而缓解资源配置的失衡。

实践表明，只有实现两大建设融合发展，才能从总体上消除军事经济和民用经济分割的状态，使用一个军民相互兼容的经济技术基础、集中全民族的智慧建设国家和国防。为实现军民深度融合发展目标，我们要主动适应、把握和引领经济发展新常态，深入实施军民融合发展战略，全面落实新形势下军事战略方针和改革强军战略，加强军地协调、需求对接，在经济建设中贯彻国防需求，在国防建设中合理兼顾民用需要，促进要素交流融合，提高资源共享程度。

发挥市场作用。这是市场经济形态对优化配置经济建设和国防建设资源的根本属性要求。国防人人有责，但贯彻了又不使其吃亏，甚至还能赢利，这就是市场经济条件下推进两大建设融合发展必须遵循的一个基本法则。比如，对客货滚装船进行加装军事功能，造船时和船舶进入运行每只船都要进行适度补助，补助标准遵从市场价格，这样的军民融合就符合规律，就能进入"可持续融合"的良性状态。

从道理上讲，实现军民融合符合国家全局利益，但它有成本，如果一个企业、一个地区在军民融合中只有付出而没有补偿和回报，这样的融合是不可能持久的。目前我国推进军民融合涉及中央政府、地方政府、军队、军工企业、民用企业、社团法人、中介组织等多种主体，其利益诉求各不相同。但过去我们在调节这些主体的利益关系时，往往是行政手段用得多，经济手段尤其是市场经济的手段用得还比较少。推进军民融合发展，就是要解决这个问题。如果我们不能在政策设计上把有利于全局利益的军民融合发展，真正转化为各部门、各地区、各单位的利益驱动，军民融合发展所增加的那部分成本就会因无人承担而被悬空，这势必陷入扯皮推诿的境地。所以，要把体现国家利益的军民融合转化为各局部利益主体都能接受和乐于推进的工作格局，就必须找到全局利益与各局部利益的相对均衡点，并从这个相对均衡点出发制定政策，采用包括市场方法在内的综合手段调节各主体关系。做不到这一点，就会出现各种抵抗国家意志的潜规则，就会"上有政策、下有对策"，长此以往，就会导致军民融合战略的流产。

运用市场手段优化军地资源配置，就要积极引导经济社会领域的多元投资、多方技术、多种力量更好服务国防建设，促进国防建设成果更好服务经济社会发展，实现经济建设和国防建设综合效益最大化。为此，要深入研究市场经济条件下各相关主体的利益结构和利益诉求，通过政策设计和采用包括市场方法在内的综合手段，尤其应注重发挥市场运作这一有效手段，通过价格、供求、竞争、税收、信贷的调节作用，促进两大建设之间的要素合理流动、资源优化配置。

这就需要研究行之有效的举措。一是加快推进军民融合经费保障机制建设，建立国家投入为主、地方财政保障为辅、社会统筹为补充的经费保障机制，使企业不因贯彻国防要求而蒙受经济损失。二是加快推进军民融合利益补偿激励机制建设，完善价格、税收、信贷、贴息和国防采购等优惠政策，让承担国防义务、参与军品科研生产的单位和个人不吃亏甚至有利可图。三是加快推进互利共赢的促进机制建设，按照谁建设谁受益的原则，把经济效益和国防效益有机结合起来，既使企业在军民融合中找到新的经济增长点，又使国防和军队建设取得新成就，这样才能做到一笔投资、两种效益，利国利军利民。只有认真研究这些带有市场经济规律性的举措，才能统筹推进经济建设和国防建设融合发展。

深化改革创新。这是推进经济建设和国防建设融合发展的根本动力。经济和国防两大建设融合发展，本质上是在国家利益平台上整合资源的过程。故任何国家推进军民融合都表现为一个对相关体制、机制、政策、法规、标准、规划等不断进行革故鼎新的过程。只要军民融合发展进程仍在继续，这个以变动求完善的改革创新过程便不会终结。从这个意义上说，深化改革创新是军民融合内在规律的本质要求。这就要求我们，"着力解决制约经济建设和国防建设融合发展的体制性障碍、结构性矛盾、政策性问题，建立健全有利于军民深度融合发展的组织管理体系、工作运行体系、政策制度体系。"[1]将这些矛盾问题置入当下中国，所要完成的改革创新任务格外繁重。

总之，坚持党的领导、强化国家主导、注重融合共享、发挥市场作用、深化改革创新，全面确立了我国经济建设和国防建设融合发展的基本原则，是我们深入实施军民融合发展战略的法宝利器。紧紧依靠这五大基本原则，在实践中注重组合发力、协同用力，就能不断凝聚起推动经济建设和国防建设融合发展的强大力量。

---

① 《中共中央、国务院、中央军委印发〈关于经济建设和国防建设融合发展的意见〉》，2016 年 7 月 21 日，见 http://www.gov.cn/xinwen/2016-07/21/content_5093488.htm。

五、战略路径

大融合需要大战略，大目标需要大举措。要使军民融合发展战略真正成长为根深叶茂的参天大树，成为有力破解制约军民深度融合瓶颈的破冰坚船，成为有效转化为变革实践的巨大物质力量，就必须科学确立相应的军民融合战略路径。

我国由初步融合向深度融合过渡，本质上是推动经济建设和国防建设发展由条块分散设计向军民一体筹划转变的过程，是由行政手段为主向行政、市场、法治等多种手段综合运用转变的过程，是由若干重点融合领域向多领域延伸和拓展的过程，是由要素松散结合向全要素集成融合转变的过程，是由注重增量统筹向增量存量并重转变进而实现技术创新、结构优化、提高融合效益的过程。选定我国军民融合发展战略路径，就是围绕当前的主要矛盾，确立促进这一系列根本性转变的战略发力点。

现阶段制约军民深度融合发展的瓶颈，集中表现为"思想观念跟不上、顶层统筹和统管体制缺乏、政策法规和运行机制滞后、有共识难落实等突出问题"[1]。为此，以习近平同志为核心的党中央着眼"源头、过程、结果"的全程融合，聚焦文化支撑、规划牵引、制度建设、法治保障四个根基性问题，明确提出"强化大局意识""强化改革创新""强化战略规划""强化法治保障"[2]的战略举措，构建了支撑中国特色军民融合

---

[1] 《中共中央、国务院、中央军委印发〈关于经济建设和国防建设融合发展的意见〉》，2016 年 7 月 21 日，见 http://www.gov.cn/xinwen/2016-07-21/content_5093488.htm。

[2] 《习近平出席十二届全国人大三次会议解放军代表团全体会议》，《人民日报》2015 年 3 月 13 日。

发展战略有序推进的四大支柱。在这一举措体系中，强化大局意识是我国深入实施军民融合战略的基本前提，强化改革创新是深度实施军民融合发展战略的制度保障，强化战略规划是深入实施军民融合发展战略的基础工程，强化法治保障是深度实施军民融合发展战略的根本要求。

"四个强化"是我们推动军民融合深度发展的法宝利器。牢牢抓住"四个强化"的系列举措，组合发力，协同用力，我们就能够统筹好经济建设的"棋局"与未来军事领域的"战局"，以强有力的国家战略意志，凝聚体制、机制、政策、法规、规划的战略合力，攻克各类利益藩篱，克服计划经济和机械化战争条件下形成的强大运行惯性，在经济建设与国防建设之间架起全要素、多领域、高效益融合的桥梁，最终抵达军民深度融合发展的彼岸。

* 第三章 *
军民融合发展战略布局：六大体系

　　军民融合是一个庞大而复杂的系统工程，涉及多个领域、多个行业和多个部门，科学划定军民融合发展的领域和范围，合理确定军民融合发展的任务布局，是有效实施军民融合发展战略的前提。当前和今后一个时期是军民融合的战略机遇期，也是军民融合由初步融合向深度融合过渡，进而实现跨越发展的关键期。必须立足我国国情军情，紧扣国防和军队建设与经济社会发展的紧密结合点，在基础设施、产业发展、科技创新、人才培养、社会服务、应战应急、新兴领域、经济和军事走出去等八个方面整体推进、协同用力，以重点突破带动整体水平跃升，努力形成全要素、多领域、高效益的军民融合深度发展格局，逐步构建军民一体化的国家战略体系和能力。

一、军民融合发展的总体布局

军民融合兼具理念范畴和实践范畴的双重内涵。就理念范畴而言，军民融合本质上是一种发展理念和发展思维，即将这种开放共享、双向转化、统筹配置、体系优化的发展理念贯穿到经济建设和国防建设全领域全过程，把军民融合作为经济建设和国防建设的一种战略指导确立起来。就实践范畴而言，军民融合本质上是一种发展方式和发展路径，即将军地一体筹划设计、一体建设管理、一体使用的工作要求落实到具体的、特定的经济建设和国防建设领域。因此，工作实践中就涉及如何合理布局军民融合发展的问题。军民融合的总体布局，就是对军民融合发展任务进行的总体安排和分配。布局的优劣会对战略实施的效果产生重要影响，进而影响战略目标的实现。

合理确定军民融合发展的战略布局，可以从职能领域、空间领域以及地缘空间等多个维度出发。基于职能领域的军民融合布局，主要以国防和军队建设的职能领域为牵引，从国防建设和经济建设两大体系的紧密相关性出发，确定特定融合领域和具体融合任务。由于国民经济是一个复杂巨系统，包括诸多行业门类、大类、中类以及小类①，并不是每个行业都与国防和军队建设相关，只有那些产品、技术、人才、设施、服务具有一定军民通用性的国民经济行业领域才需要融合，并且军民通用性越强，融合的潜力越大。比如，与国防基础设施紧密相关的国家基础设施建设体系，与武器装备科研生产紧密相关的国家工业体系，与军队创新紧密相关的国家创新体系，与军队人才培养紧密相关的国家人才培养和教育体系，与军队保障紧密相关的社会服务保障体系，与国防动员紧密相关的国家应急管理体系，等等。基于空间域的军民融合布局，主要从新兴空间领域的维度出发，着眼抢占未来军事和科技制高点、谋取战略竞争新优势、夺取未来战争主动权，聚焦海洋"远边疆"、太空"高边疆"、网络空间"无形边疆"，统筹配置军地优势资源和力量，着力培塑军民一体的核心能力。基于地缘空间的军民融合布局，主要基于国家"利益边疆"超出传统意义上"国土边疆"的现实，着眼有效维护国家海外利益，统筹经济和军事"走出去"，着力提升维护海外利益安全的核心能力。

经过多年的实践探索，特别是近几年的不懈努力，我国逐步建立了中国特色军民融合发展的体系框架，形成了渐趋完整的军民融合发展战略布局。这就是以"六大体系"融合为支撑、以"三大新兴领域"融合为突破、以"走出去"融合为延伸、以各种不断兴起的融合领域为拓展，即"6+3+1+N"的军民融合发展总布局。其中，"六大体系"融合，即形

① 最新的《国民经济行业分类》（GB/T4754—2011），依据我国近年来经济发展状况和趋势，将国民经济行业划分为门类、大类、中类、小类四级，包括 20 个门类，96 个大类，432 个中类，1094 个小类。该国家标准由国家统计局起草，国家质量监督检验检疫总局、国家标准化管理委员会批准发布，于 2011 年 11 月 1 日起实施。

成军民深度融合发展的基础领域资源共享体系、中国特色先进国防科技工业体系、军民科技协同创新体系、军事人才培养体系、军队保障社会化体系、国防动员体系；"三大新兴领域"融合，着眼谋取战略竞争新优势，推动海洋、太空、网络空间的军民融合，形成多维一体、协同推进、跨越发展的新兴领域融合发展布局；"走出去"融合，着眼有效维护我国不断拓展的海外利益，统筹经济和军事"走出去"，为国家海外利益拓展提供安全保障；随着新技术的不断涌现，军民融合的新领域将持续拓展，生物、新能源、新材料等领域的军民融合将层出不穷。在这个任务布局中，"六大体系"融合是基础和支撑，是从国家安全和发展全局角度对军民融合进行的统筹安排和总体部署；"三大新兴领域"融合是战略制高点和未来引领，从谋求战略竞争新优势的角度指明了军民融合跨越发展的方向；"走出去"融合是空间延伸和海外布局，从统筹国际和国内两个大局的角度，致力于增强军民融合的内外联动性、形成海外延伸的新格局。

　　"6+3+1+N"的军民融合总布局将汇聚起军民一体化的国家战略能力。国家战略能力，是国家组织、协调和运用国内外战略资源和战略力量，预防和应对各种重大威胁，维护和拓展国家利益的能力。军民一体化的国家战略能力，是将相互关联的各种军民力量集成为军民一体、总体增效的国家能力。恩格斯在《反杜林论》中指出："许多力量融合为一个总的力量，用马克思的话来说，就造成'新的力量'，这种力量和它的一个个力量的总和有本质的差别"。在军民分离格局下，军民各种单项力量尽管看似很强，但缺乏有效融合，很难聚合形成军民一体化的国家战略能力。在现实中国家很多战略要素犹如"一麻袋土豆"，尽管单个土豆的个头很大，但缺乏力量聚合，拎起来之后将撒落一地，难以形成合力。通过军民深度融合，实现军民两大体系的融合和资源的聚合，形成能够同时满足经济建设和国防建设需要的一体化国家战略能力。

按照这个总布局推动军民融合深度发展，能够最大限度地凝聚军民合力，释放出巨大的融合效益。一方面，能够产生资源节约效应，即两大体系中一些通用性的设施、技术、人才、信息、能力的共建共用共享，兼顾国防需求和民用需求，能够使一笔投入产生双重效应，减少重复建设和资源浪费，实现经济建设和国防建设综合效益最大化。更为重要的是，军民深度融合能够产生持续的创新驱动效应，而创新正是经济发展和军事变革的持久动力。两大体系中技术、人才、信息等要素双向扩散，实现要素的新组合，发生化学反应，继而催生新技术、新产品、新产业，形成创新驱动和技术进步共生共长的良性格局，这是支撑生产力和战斗力变革的最终力量。

二、推进基础设施领域的军民融合

基础设施是国防建设和经济建设的重要物质技术基础，是支撑经济社会发展和国家安全的"大动脉"。"动脉"通，则发展畅；"动脉"阻，则"发展"滞。基础设施军民通用性强，既具备支撑经济社会发展的强大功能，也具有满足国防需求的巨大潜能。推进基础设施领域的军民融合，就是要把国防需求纳入国家基础设施整体规划、通盘考虑、同步建设、一体使用，提高基础设施的军民兼容程度和共享共用程度，既增强国家基础设施对军队遂行使命任务的支撑和保障能力，同时，也提高和平时期军事设施服务和支援经济社会发展的能力。

基础设施领域军民融合是军民融合发展的基础工程

基础设施是为社会生产和居民生活提供公共服务的物质工程设施，

是社会赖以生存发展的物质基础。基础设施有广义和狭义之分，狭义的基础设施专指提供有形产品的部门，包括公路、铁路、机场、通信等设施，即"物质性基础设施"；广义的基础设施还包括教育、科技、医疗卫生、体育、文化等社会服务事业，即"社会性基础设施"。这里主要是指狭义的基础设施。重大基础设施具有典型的公共物品和公共服务属性，发挥着支撑经济社会发展、引导生产力布局、保障国家安全和社会稳定的基础性作用。同时，基础设施还是国民经济的基础性、先导性产业，大型基础设施的数量、质量和空间布局，体现的是国家战略能力，某种程度上也反映了一个国家的战略威慑力。推动交通基础设施、空间基础设施、信息基础设施、测绘基础设施、气象基础设施、标准计量基础设施军民融合深度发展，把国防基础设施和民用基础设施建设统一起来、统一规划、统筹使用，可以实现一份投入、两份产出、多重效益。目前，发达国家在基础设施建设上全面统筹军民需求，已基本实现了高速公路与军事快速通道相结合，服务区与兵站相结合，隧道与隐蔽工程相结合，高速公路与飞机跑道相结合，高速枢纽与战储基地相结合。

基础设施军民融合有助于提高国家基础设施建设的综合效益

基础设施建设往往投入大、周期长、成本高，坚持军民共建共用的理念，统筹军地需求，统筹配置军地资源，在民用基础设施建设中贯彻国防要求，在国防基础设施建设中兼顾民用需要，有助于避免重复建设、资源浪费，能够实现经济建设和国防建设综合效益的最大化。仅以机场建设为例，在同一地区既修建军用机场，又修建民用机场，不仅耗资巨大，占用大量土地资源，而且挤占空域资源。如果在规划民航机场建设时，能够坚持军民合用理念，多建设一些军民合用机场，这样既能促进民航事业发展，又能满足军用需要，同时还节约了国家极为稀缺的土地资源和财政资源。据统计，"十二五"时期，我国仅交通基础设施投资就高达 13 万亿元，[①] 这其中蕴含着巨大的军民融合效益节约潜力。近年来，我国基础设施建设进入一个突飞猛进的大发展时期，基础设施建设空间不断拓展。据统计，截至 2016 年，我国铁路营业里程已达 12.4 万公里，其中高速铁路运营里程达到 2.2 万公里以上，稳居世界第一；公路里程达到 470 万公里，其中高速公路里程为 13.1 万公里，位居世界第一[②]。截至 2016 年，我国境内民用航空机场共有 218 个，定期航班航线里程达到 635 万公里。在全球排名前十的港口中，中国就占据了七个，包括上海港、深圳港、宁波舟山港、香港港、广州港、青岛港、天津港。沿海深水泊位也已超过 2100 个。我国信息基础设施水平快速提升，2016 年，我国固定互联网宽带接入用户 2.97 亿户，居全球前列；互联网上网人数 7.31 亿，手机上网人数达 6.95 亿。[③]"十三五"时期，我国将加快构筑现代基础设施网络，高速铁路运营里程预计达到 3 万公里，新建改建高速公路通车里程约 3 万公里，新增民用运输机场 50 个以上，新增城市轨道交通运营里程 3000 公里，等等。[④] 在我国基础设施建设大跨越、大发展的关键时期，抓紧推进军民融合深度发展，将有助于加快形成军民一体化的国家基础设施体系，大幅提升国家战略能力。

---

① 国家发展和改革委员会：《〈中华人民共和国国民经济和社会发展第十三个五年规划纲要〉辅导读本》，人民出版社 2016 年版，第 152 页。

② 参见国家统计局网站，http://www.stats.gov.cn/tjsj/sjjd/201706/t20170616_1504091.html。

③ 参见国家统计局网站，http://www.stats.gov.cn/tjsj/sjjd/201706/t20170616_1504091.html。

④ 国家发展和改革委员会编：《〈中华人民共和国国民经济和社会发展第十三个五年规划纲要〉辅导读本》，人民出版社 2016 年版，第 75—76 页。

基础设施军民融合是建设世界一流军队的重要条件

建设世界一流军队，是习近平站在中华民族伟大复兴的高度对军队提出的战略要求。这要求我们要以开放的视野对标世界一流军队水平，着力打造能够与世界强手抗衡、过招、打赢的军事能力。建设世界一流军队，首先必须有先进的建军理念和建军方式。纵观世界一流军队的发展，都不是局限在军队自己的小圈子里搞建设，而是聚合国家整体资源打造军事力量体系，甚至整合全球资源为其所用。美军为支撑其全球军事行动，通过购买和租用等多种方式，在全球布局了一系列军事基地群。据统计，2011 财年，美国在全球共有大小基地 4825 个，其中，分布在世界 40 个国家的海外军事基地就有 611 个。[①] 特别是作为战斗力生成重要因素的基础设施，比如，大型运载工具、交通网络、通信网络等，建设投资巨大、周期较长，任何国家的军队都无力独自承担。即使是拥有超强投送能力的美军，也不得不大量使用民用基础设施资源。在美军运输司令部掌管和控制的运力中，民间运力所占的比例较大，其本土陆上运输的 88%、跨国空运的 50% 和海运的 64% 都是依靠民间运力完成的。伊拉克战争中，美军为把参战部队和装备物资从本土和驻欧洲基地运送到海湾地区，不仅动用了国防部系统的海运船，还大量征用本国后备队船队的远洋船只，甚至还租用了外国的商船。长期以来，我们走了一条自成体系、相对封闭的发展路子，军队是军队的，民用是民用的，军地各搞一摊，既不能互通有无、互相促进，又浪费资源。一些部门和单位还没有跳出自我发展、自我保障的误区，"大包大揽"型的建设模式惯性还很强。当前，随着"一带一路"的实施，我国国家利益进一步向周边

① 樊高月、官旭平编著：《美国全球军事基地览要》，解放军出版社 2013 年版，第 1 页。

和全球拓展，军事力量"走出去"维护海外利益，既不可能带着"坛坛罐罐"走出去，同时，仅靠军队自身力量也很难走得出、行得远。建设世界一流军队，不可能军队什么都自己搞，那只会不堪重负、拖垮自己。只有推进交通、空间、信息、测绘、气象、标准计量等基础设施领域的军民融合深度发展，打造一个军民兼容的基础设施支撑体系，为我们这支军队插上"腾飞的翅膀"，我军才能够走得出、供得上、看得远、听得见、打得准，才有可能成为一支世界一流军队。

基础设施领域军民融合取得显著进展

党中央、国务院、中央军委历来高度重视在国家基础设施建设中贯彻军事需求，并采取一系列战略措施推动落实。1964年，党中央作出"搞好战略布局，加强三线建设"的战略部署，不仅改善了我国工业布局，提高了国民经济生存能力和战略后方支撑能力，而且大大改变了西部地区交通闭塞、发展严重滞后的状况。20世纪90年代后，为顺应世界新军事变革发展大势，重点加强了通信信息等领域基础设施贯彻军事需求工作。1994年启动的军民合建光缆干线网，军队共投入100余万人次，优质、高速、安全、低耗地完成了十多条、长达两万多公里的光缆干线通信网合建任务，一举改变了国家和军队信息基础设施长期落后的局面。近年来，根据军事斗争准备需要，利用国家提升交通、通信等领域基础设施水平的机会，在融合发展中不断提高军队战场建设水平。比如，在交通基础设施方面，全国重要公路、铁路、港口、码头、机场等预置了国防功能，一些港口依据军事需求改扩建深水泊位和高吨位航道，在一些高速公路路段建设设置了军用飞机快速起降跑道。在民用运载工具贯彻国防要求方面，烟台港集团对"渤海翠珠"号等4艘客滚船进行军事需求改造，一些单位按照军用装备尺寸加宽加固客（货）运列出、平板拖车，部队利用高铁、民航、民船等进行战略投送和应急保障渐成常态。在空间基础设施方面，启动了北斗导航系统、军民融合天基通信系统等一大批项目。在信息基础设施方面，依托国家通信基础设施建设军用移动通信系统，军地电磁频谱管理统筹工作加快推进。在测绘、气象、计量等重要基础领域的军民融合也在积极推进。在军地相关职能部门推动下，军民标准通用化工程建设正式启动。

基础设施领域军民融合发展面临的主要问题

一是惯性思维打破难。军地自我发展、自成体系的传统观念根深蒂固，军地双方不同程度存在本位意识，军队偏重算军事账，地方偏重算经济账，关注自身利益多，考虑国防和经济建设全局少。军地对各自权责认识不尽一致，有时会产生一些分歧，而一旦难以达成共识，就会回到各搞一套、自成体系的老路子上。**二是体制机制有障碍**。过去，基础设施领域尽管建立了一些军地议事协调机制，有的层级还比较高，但因缺乏权威约束，遇事往往是议而不决，落实见效缺乏执行力，难以保障基础设施军民融合稳定成效推进。有的采取一事一协调、特事特办、签订合作协议的方式推进工作，最终出现"事一完，机构散""人一换，线就断"的结局。**三是统筹流程欠规范**。尽管《国防动员法》《国防交通法》对基础设施建设贯彻国防要求有明确规定，但仅为原则性要求，由于尚未出台配套实施细则，难以落地操作。实际工作中，军民融合需求由谁提出，哪个部门归口管理和统筹平衡融合需求，如何统筹军地建设规划，如何规范民用基础设施的军事运用，非核心的军事设施如何向民用有序开放等，这些基础性的工作程序尚未规范。**四是标准建设滞后**。目前，我国还没有形成一套完整、清晰、具体的基础设施领域军民融合的总体范围和目录体系，相应的技术标准尚在建立中，还不能把军民融合的标准要求融入国家或行业标准之中。**五是政策支持有缺失**。我国基础设施军民融合工作机制是在计划经济时期建立的，任何投资项目的安排都由国家决定，国家对基础设施贯彻国防要求的投资采取增加项目概算的办法予以补偿。市场经济条件下实行"谁投资、谁决策、谁受益、谁承担风险"的原则，中央政府、地方政府、军队、企业等多元投资主体，如何分担军民融合的建设成本及后续运营维护成本，特别是对于企业投资建设的基础设施实施军民共建共用，所涉及的利益补偿、资产权属、管理运营等，尚无明确政策规定。比如，军队的经费投入难以满足长期支付市场化租用基础设施的费用，而如果让企业以低于成本费用支付甚至无偿提供服务，就会影响企业的可持续发展。这些问题都需要从政策上予以解决。在现实中，上述思想观念上的禁锢，有体制机制上的掣肘、有政策制度上的缺失、有技术标准上的梗阻、有法律法规上的缺失，这些往往错综复杂交织在一起，成为阻碍基础设施军民融合的瓶颈制约。

深入推进基础设施领域军民融合的基本着力点

基础设施涉及的领域极为广泛，体系十分庞大。推动基础设施建设军民融合，要按照突出重点、经济有效的原则，突出重要战略方向、重要战场空间、关键性基础设施的军地统筹，促进"规划、建设、管理、使用、投资"全过程的融合，确保体制机制上保障融合、战略规划上体现融合、政策举措上促进融合、法规标准上支撑融合，健全军民融合组织模式、运行机制和制度安排，不断增强国家基础设施对经济建设和国防建设的整体支撑保障能力。

推动体制机制融合，明晰管理职责。在推进基础设施军民融合中，精准提报融合需求是前提，贯彻落实融合需求是关键，统筹衔接、综合平衡军地需求是枢纽。当前，应在中央军民融合发展委员会领导下，着重抓好相关体制机制的融合。在这方面，应以贯彻国家意志、凝聚军地力量、统合军地资源为目标，着力构建统一决策领导、统筹规划建设、分级分类管理的基础设施军民融合领导管理体制机制。要明确各级政府、军队、企业的职责权限和工作边界，规范军民融合工作流程和工作规范，把住基础设施"建、管、用"全过程中一些关键环节、关键节点，实施强有力的统筹管理。在基础设施建设的规划计划、需求论证、项目立项、方案设计、项目实施、竣工验收、监督评估等关键环节，设计若干管理枢纽和控制节点，保证军民共建共用，加快把基础设施军民融合纳入制度化、规范化的发展轨道。还要健全军地联合审查机制，建立基础设施兼顾军事需求的军地联审制度，赋予军队相关部门的联合监管职能，从规划、可行性研究、设计、验收等各个环节全面介入，使军队真正参与到国家基础设施建设中去，确保国家基础设施建设真正满足军事需求。

推动战略规划融合，形成军地一盘棋。规划计划是国家统筹配置军地资源的基本手段和方式，加快构建基础设施领域军民融合发展的规划计划管理体系至关重要。我们需要综合考虑保障履行军队使命任务需求和国家基础设施建设能力支撑，加强需求预测和论证评估，为军地相关部门编制规划计划提供可靠依据，通过提高规划的预见力增强能力建设的科学性。需要建立军地顺畅的规划计划信息交流机制，及时把交通基础设施、信息基础设施、空间基础设施、测绘基础设施、气象基础设施、标准计量基础设施等领域的军民融合需求规模、布局和结构要求，纳入国家和军队相关发展规划计划之中，将基础设施军民融合发展的目标、任务和要求，细化分解到不同层级、不同部门和不同企业，确保军地各个层面按职能分工，共同抓好规划计划的落实。还要探索建立"十年一统筹，五年一规划，一年一结合"的滚动式统筹规划模式。"十年一统筹"，即在国家基础设施建设中长期发展规划和军队相关中长期建设发展规划中，统筹考虑经济建设和国防建设所需，提出总体目标、任务和要求。"五年一规划"，即在国家基础设施建设中长期规划指导下，在制定国家基础设施建设五年规划和军队有关建设发展五年规划时，搞好规划对接和综合论证，科学确定重大建设项目、重大工程，一体纳入军地有关建设发展规划中予以落实；"一年一结合"：在五年规划的基础上，根据国家和军队发展的实际情况和年度需求，逐年对基础设施建设五年规划进行滚动执行和适应性调整，落实每年详细的建设项目和建设任务。

强化政策措施支持，拓宽投融资渠道。充分发挥中央、地方、军队三方面积极性，探索建立政府投入、税收激励、金融支持的政策体系，有效保障基础设施领域军民融合发展的资金来源。基础设施军民融合是体现国家意志的政府行为，建设资金应主要来源于国家财政，这也是世界主要国家的一般做法。应结合我国的国情，建立出台与市场经济相适应的投融资体制和政策。一是加大财政支持力度，增加国家财政资金对基础设施领域军民融合发展的投入支持力度，可在国家财政预算科目中增设"军民融合"预算科目，安排专门的预算额度，为军民共建共用的建设项目提供稳定的政府投资资金来源渠道。二是建立专项基金。从近年来我国发展速度较快的能源电力、公路交通、民航、水利等行业的发展经验看，建立专项建设基金是确保行业投资建设稳步推进的行之有效的方法之一。可建立基础设施领域军民融合发展专项建设资金，为基础设施领域的军民共建共用项目投资开辟一条稳定增长的投资资金来源渠道，为军队租用、购买民用基础设施和服务提供稳定的资金支持。三是提供政策优惠和激励引导。完善国家财政税收优惠政策，综合采取财政补助、贷款贴息和税收减免等政策，对贯彻落实军事需求的基础设施建设单位，酌情予以财税减免，适当给予信贷优惠，减轻建设项目贯彻国防需求的负担，增强地方政府和企业对基础设施贯彻国防需求的积极性。

创新金融政策支持，引导金融机构在国家确定的范围内，对国家重大军民融合项目提供融资支持，鼓励担保机构提供融资增信支持、发挥证券市场融资功能，吸引社会资本加入和支持统筹建设，为军民融合提供资金保障。

强化法规标准融合，确保长效发展。发达国家推动军民一体化发展的成功之处，在于有一套完善的法规标准体系。比如，《美国法典》第2篇规定，联邦运输部长在国家交通运输事务的管理中要充分捍卫国防利益，认真听取军方的国防交通需求和相关特殊问题的建议。若国家投资建设国防部认为具有国防意义的空中、水路和陆路交通运输设施设备，联邦运输部长在制定投资标准和准则时，必须考虑充分贯彻落实国防要求。在海运方面，《美国法典》第46篇规定，联邦运输部长应建立高效的能用于军事用途的私有船队，以满足国防需要。英国《商船法》规定，新建造民船的设计必须保证"在国家处于紧急状态时，能方便、迅速地改造成适合国防需要的军事运输和支援舰船"。如达不到这一要求，则不予出厂。这些国际经验为我们提供了有益借鉴。我们要加快基础设施军民融合法规体系建设，研究、制定、补充和修改相关的法律法规，尽快形成一套行之有效的法规制度，明确基础设施军民融合的具体内容和范围，规范各相关部门的职责、权利、义务、工作规程和管理体制、机制，规定相关建设资金的来源与管理办法，确保有法可依、有章可循。建立基础设施领域军民融合的技术标准支撑体系。我们要加强军地协作，在重点领域、重点行业积极开展调研论证工作，加快推进标准试点建设。尽快制定出台《经济建设贯彻国防需求建设项目目录》，凡列入目录的建设项目，必须经经济建设贯彻国防需求主管部门审批、核准、备案后方可实施。尽快制定出台《经济建设贯彻国防需求建设项目技术标准》。经济建设贯彻国防需求的建设项目种类繁多、内容复杂、要求不一，要根据国防需求和实际情况，分门别类制定不同类别不同等级的技术标准，便于管理部门和施工单位在不同建设项目中参照执行。技术标准的制定，既要适应现代国防发展的需要，又要主动向民用标准靠拢，既要考虑满足国防技术发展的要求，又要考虑民用基础设施建设和管理的承受能力，既有利于充分发挥民用基础设施的兼容性，又可以节省建设和维护费用。

三、推进产业领域的军民融合

加强产业领域统筹，建设中国特色先进国防科技工业体系，是党和国家的重大部署。[①] 产业是经济之本、国防之基、大国之"筋骨"。拥有"钢筋铁骨"，国家方可屹立不倒，国防方能巩固强大。推进产业领域的军民融合，即国防科技工业和武器装备科研生产领域的军民融合，根本上是要推动国防科技工业与国家民用工业体系深度融合，打破行业封闭，使两大体系实现开放共享、无缝衔接，既能够利用国家制造业基础服务国防建设，国防科研生产又能够服务带动国家制造业转型发展，进而提高产业发展能力、自主创新能力和武器装备供给能力，建设中国特色先进国防科技工业体系。

国防科技工业军民融合是军民融合深度发展的重中之重。这首先是由国防科技工业作为工业的本质属性所决定的。工业是国民经济的主体，是立国之本、兴国之器、强国之基。打造具有国际竞争力的工业，是我国提升综合国力、保障国家安全、建设世界强国的必由之路。"工业的本质是将无用的物质转变为有用的物质，或将有害的物质转变为有益的

① 《中共中央国务院中央军委印发〈关于经济建设和国防建设融合发展的意见〉》，《人民日报》2016 年 7 月 22 日。

物质"。① 工业发达，就能使更多的物质转变为资源。工业也是科技进步的躯体，一切科学发明和创新想象都是以工业为载体和必备工具得以实现的。今天，几乎所有的武器装备都是工业品，军事实力的强大根本上有赖于工业的强大。作为工业重要门类之一的国防科技工业，肩负着富国和强军的双重使命，是国家高端制造业和尖端科学技术产业，是国家安全与国防建设的物质技术基础，必然是军民融合发展的重点领域。欧美国家所讲的军民一体化，主要指的就是工业领域的军民融合，旨在"把国防科技工业融入国家大工业基础，形成一个统一的国家科技工业基础"②。今天，我们所讲的军民融合尽管涵盖范围更广，包括了基础设施、产业、科技、人才、社会服务等全方位的融合，但是，国防科技工业领域仍是融合的重头戏，没有工业基础的融合，军民融合就失去了最深厚的生产力基础。同时，国防科技工业军民融合也是衡量国家军民融合发展水平的重要标志。当今世界，国与国之间的竞争主要表现为以综合实力为基础的整体竞争，经济实力和军事实力是支撑起国家综合实力的两根支柱。国防科技工业是把这两根支柱连通在一起的横梁，它不仅为国防和军队现代化建设提供物质技术支撑，而且还直接促进国家科技创新、带动产业升级和高端制造业发展，国防科技工业竞争实质上已成为大国间综合实力竞争的重要内容。国防科技工业与民用制造业如果融合得好，经济优势和军事优势就能够更好相互转化，国家竞争力就能得到不断提高；反之，如果国防科技工业与民用制造业基础相互隔离、自成一体，无疑会导致两个系统集成效益下降，进而导致国家竞争力下降。国防科技工业军民融合的程度，在很大程度上决定了一个国家军民融合

---

① 金碚：《中国制造 2015》，中信出版社 2015 年版，第 4 页。
② 中国国防科技信息中心译：《军民一体化的潜力评估》（1995 年 8 月），第 8 页。

深度发展的质量和水平，是衡量国家军民融合发展的重要"标尺"。

国防科技工业军民融合是时代发展的必然要求。我国国防科技工业诞生于新中国成立后国家制造业一穷二白的基础之上，为保障国家安全紧迫需求，突破外国封锁，我们按照"独立自主、自力更生"的方针，采取举国体制快速建成较为完备的国防科技工业体系，形成以武器装备最终产品为轴线，陆、海、空、天、电各类武器装备研制生产能力独立发展、自我配套的全产业链封闭发展模式。这种发展体系内置了一大批当时非常必要的科研生产配套能力，按照最终产品研发需要，组织和利用国防科研生产力量承担武器装备和高端科技的发展任务。这种组织结构充分发挥了集中力量办大事的社会主义优势，为保障机械化战争的武器装备需要发挥了重要作用。随着形势的发展，这种全产业链封闭发展模式的弊端日益凸显，越来越难以满足时代发展的要求。从战争形态看，现代战争形态正在发生深刻变化，信息主导、体系支撑、精兵作战、联合制胜的特征日益明显，多维战场空间融为一体，一体化联合作战成为基本作战形式。信息化战争不再是单个作战平台、作战单元之间的对抗，而是建立在各种作战平台、作战单元综合集成基础上的体系和体系的对抗。实现从平台化到体系化建设的转型，仅靠自成体系的传统军工行业实现保军任务已经步履维艰，必须加快构建适应一体化联合作战需要的"小核心、大协作、开放型、专业化"的国防科技工业体系。从我国产业基础看，经过改革开放以来近四十年的发展，我国制造业基础已经发生了翻天覆地的变化，高端制造能力蓬勃发展。我国已经成为世界第一制造大国，主要工业产品产量稳居世界前列，在联合国公布的500余种工业品中，我国有220多种产量居世界第一，我国制造业发展的诸多方面、诸多环节，已经能够有力支撑武器装备研制生产链条向国民经济更深领域的延伸。同时，经过多年发展，我国传统军工也已逐步融入国民经济主战场，在战略新兴产业发展、高端装备制造、军民品外贸等方面，已经成为国家经济发展不可或缺的支撑力量。战争形态的变化和产能基础的壮大，对打破传统军工边界、重构国防科技工业体系提出了需求、提供了可能。必须改变以军工集团公司范围框定国防工业体系的传统做法，着力形成以军工核心能力为凝聚点，聚集国家制造业基础中可以为国防科研生产服务的一切力量，形成"小核心、大协作、专业化、开放型"的国防科技工业新体系，同时发挥军工高技术和高端产业能力优势，促进国家科技进步和经济转型升级。

经过多年探索实践，我国国防科技工业军民融合取得显著进展。武器装备研制生产取得重大成就。我国自主研发制造的第一艘航母和第一艘排水量万吨级驱逐舰的昂然下水，歼—20、歼—31隐形战机以及运20大型军用运输机一飞冲天，一大批远程打击、精确制导、高效毁伤、攻防兼备的高新技术装备定型、批产和交付，初步建成具有中国特色的武器装备体系，极大增强了我国国防实力。在军工能力建设方面，建成一批高水平科研试验设施，研制出一批型号急需、国外禁运、填补空白的先进设计工具、专用工艺装备和综合试验验证系统，为国防关键技术攻关提供了基础保障。军工在促进国家竞争力提升方面成绩斐然。核、航天、航空、船舶、兵器、电子等领域的军民结合产业发展迅速，军工集团民品产值占总产值比重稳定在70%左右，其中一半是军工高技术产业，并实现大批量出口。[①] 在各个领域，我们向历史交出了一张厚重的答卷："华龙一号"国内外首堆分别开工，国产大型客机C919实现首飞，支线客机ARJ21交付运营，"海洋石油981"号深水半潜式钻井平台投入使用，蛟龙号深潜海底，天舟一号成功对接，我们已经"可上九天揽月，可下

---

① 国家国防科技工业局党组：《加快建立军民融合创新体系》，《求是》2017年第10期。

五洋捉鳖"。军工开放格局初步形成，加快推进军工技术转民用和优势民企参军步伐，大幅减少准入限制，截至 2016 年底，有 1100 多家民营企业获得武器装备科研生产许可①，民营企业配套范围不断扩大、层级不断提升，承担了部分武器装备重要分系统甚至总体的研制任务。一大批军工重大试验设施和大型仪器共享信息向社会公开，促进了军民技术相互支撑转化。

我们还要看到，国防科技工业军民融合深度发展仍面临一些结构性矛盾和问题，亟待通过深化改革加以解决。**一是思想认识有误区，存在观念性障碍**。比如，有的习惯于低层次的"抱团发展"，肥水不流外人田的传统观念较重；有的对社会力量尤其是民营企业参与武器装备科研生产不信任、有歧视、有偏见，等待观望心态较重。**二是顶层统筹不够，存在体制性障碍**。2008 年的大部制改革，初步改变了国防科技工业和民用工业分离的管理体制格局，但国防科技工业管理职能仍然相对分散，存在职能交叉现象，国防科技工业军民融合缺乏统一筹划和有效管理。**三是供给需求不匹配，存在结构性矛盾**。目前，在国防科技工业领域，国家对事关现代国防安全的高新武器装备供给能力相对不足，中低端技术产品供给能力相对过剩。这一矛盾在信息技术、装备制造、海洋资源开发、航空航天技术、新材料、新能源等领域尤为突出，大量高端制造装备、核心技术依赖进口，特别是大功率常规动力、关键元器件、关键材料和基础软件等还存在诸多瓶颈。**四是政策法规不完善，存在政策性障碍**。在考核制度方面，以经济指标为主的业绩考核，刺激着军工集团在内部构建完整的配套体系，而不愿向外分包；在标准制度方面，军用标准与民用标准体系建设不协调，在很大程度上阻碍了军民技术的双向

---

① 国家国防科技工业局党组：《加快建立军民融合创新体系》，《求是》2017 年第 10 期。

转化；在保密制度方面，定密标准过于笼统，使很多有市场潜力的技术难以转化，解密责任主体不明确、解密标准不统一等问题也影响了军民技术的双向转移。这些问题表现在认识上、体制上、政策上，但最深层次的问题是军工经济自成体系与国民经济相分离所形成的"二元结构"，以及由此带来的利益固化。计划经济和机械化战争条件下形成的军工封闭、自成体系发展模式仍然表现出强大的运行惯性，这种惯性既表现在思想情感、体制机制、工作思路上，更反映在相应的利益关系上。现实中围绕军民融合而展开的资源整合和利益整合，常常与既定的思维观念、工作格局、利益结构发生激烈碰撞和冲突。利益固化问题是当前必须重点破除的主要障碍。

推动国防科技工业军民融合，建设中国特色先进国防科技工业体系是一个长期的历史性任务。主要任务是：统筹好存量与增量，以增量融合倒逼存量融合，以增量融合激活存量融合，通过深化改革、破除垄断、扩大开放、促进共享，打破军工经济自成体系、自我封闭的发展格局，把武器装备科研、生产和维修深深融入国家科技工业基础之中，充分利用全社会的优质资源为武器装备建设服务，使武器装备建设从整个国家制造业基础和能力中获得更加深厚的物质技术支撑和发展后劲，同时，运用武器装备科研生产高端需求来提升国家经济社会发展水平和技术创新能力。显然，要完成这一重大任务，需要做出多方努力。

推动军工专业化重组，打破行业封闭垄断。我国国防科技工业创建之初，国家工业基础十分薄弱，各军工行业分别建立了各自小而全的专业协作系统，供应链几乎全部纳入军工管理体系中，立足于搞自我配套。这种发展体系在当时工业基础比较薄弱的时代是非常必要的。然而，由于历史惯性，这种体系一旦形成，就会形成一种路径依赖和天然的自我复制、自我强化，最终演变成为一种贯穿军工产业链上下游的行业分割体制。其突出弊端是，许多历史形成而今天又非军事专用的配套能力，已经成为国防科技工业体系的重要组成部分。由此带来的后果是，一方面，军工行业养了一些不具比较优势的配套企业，从而背负着沉重的经济负担和社会负担；另一方面，一些本可以由国家技术和工业能力支持的领域难以向社会开放，致使武器装备发展难以有效利用国家科技与工业发展的先进成果。这种结构也使得各军工行业之间壁垒高耸，难以实现统筹发展、相互借力。军工企业专业化重组是破除这种体制性障碍的根本措施。国防科技工业要走军民融合的专业化发展之路。所谓专业化发展，应是技术发展上的专业化。以军工发展为例，专业化发展最终将形成兼具规模优势与技术优势的动力公司、控制系统公司、生存系统公司、材料公司、防务系统供应商等，这些专业化企业由于技术开发的专注性，在专业领域更易取得成果。显然，专业化与行业化是两种不同的发展路径，专业化的企业发展最终是做强了技术，而行业分割体制最终做实的是行业利益链条。国防科技工业要想实现大的进步，必须彻底转变思路，通过体制改革彻底打破传统的行业封闭性，革除弊端，去旧图新。军工企业专业化重组的目标是：构建面向未来战时武器装备需求，向国民经济系统开放，突出核心能力和适度竞争的国防科研生产格局，实现系统集成商、专业承包商、市场供应商的合理分工、顺畅协作。首先，可在已经开展的航空动力公司组建的基础上，进一步实施军用微电子、信息系统、导航系统、关键材料、毁伤防护等能力的专业化重组，将军工核心能力的布局从现在主要面向军工集团，拓展到军工以外的国家科研机构、高等院校、民口（含民营）有优势能力的科研生产机构中。其次，实施军工一般能力的剥离重构，将与国家工业基础高度重合的通用机电等一般能力从军工集团剥离出去，在可能的情况下，组建若干专业化公司，作为军工外围能力，纳入国民经济主战场，以促进军工技术与产品供应链广泛融入国家工业基础。待条件成熟后，可推动跨行业能力重组，打破原有的航空、兵器、舰船等行业界限，组建类似美国的洛马、雷神、通用动力以及英国的 BAE 公司等跨行业的军工集团，进一步打破行业封闭，以专业化企业发展为基础，逐步构建跨军种、跨武器平台和基于作战能力需求的新型军工企业群。

推动军转民持续健康发展，促进经济转型升级。国防科技工业是国家科技创新的最前沿，是人才聚集的高地，也是高技术设备设施最集中的领域，有着独特的技术优势和发展基础。将国防科技工业领域拥有的大量先进技术和专利释放出来，推动军用技术向民用领域转移转化，大力发展军工高技术产业，能够发挥国防科技工业对国民经济的带动作用、对创新驱动的示范作用。当前，我国经济发展已进入新常态。推动军工优势技术向民用领域转移，不仅能够提供有效供给，而且能促进产业升级，对于走出当前经济困境具有积极作用。现在一些地方政府发展军民融合产业的热情很高，热切希望以国防科技工业技术创新来培育新兴产业和新的经济增长点。新形势下，国防科技工业需要继续为"富国"作出贡献。这种贡献主要源自两个方面：一是持续开展国防高技术的研究应用，产生首创成果，在满足武器装备建设的同时，通过技术溢出，带动国家技术创新和高端产业发展；二是军工企业利用国防高技术直接发展民用产业，既满足国民经济建设需要，又有效降低武器装备研制的国家负担，增强国防科技工业自身的发展活力。要大力发展军民结合产业，充分发挥国防科技工业对国民经济尤其是高技术产业发展的牵引作用，鼓励军工企业加速国防科技成果转化和产业化进程。拓宽军民结合产业融资渠道，形成多元化投资格局，支持军民结合产业发展。支持培育军民结合产业基地。通过投资补助或贷款贴息的方式，加快军民结合产业基地的公共基础设施和相关业务平台建设，鼓励军民结合产业的集聚化、规模化发展。

引导优势民企"参军"，构建公平竞争的政策环境。积极引导优势民企参军，对于打破行业垄断封闭、促进竞争择优、激发创新活力具有重要意义，有利于从制度层面消除长期形成的军民分割状态，打破军工封闭，从而更快实现"小核心、大协作、开放型、专业化"的中国特色先进国防科技工业体系。随着社会主义市场经济体制的建立和成熟，民营企业在巨大的市场竞争压力下蓬勃兴起，已发展成为我国经济社会发展的骨干力量。民企既有像华为、中兴这样"顶天立地"的企业"航母"，也有大量"铺天盖地"的科技型中小企业。大中小企业各具优势，科技力量、资金实力、规模化生产等是大企业的强项；而奇思妙想多、经营机制活、市场反应快则是中小企业的优势。引导优势民企参军，要充分发挥大中小企业各自优势。近年来，有关部门陆续出台了一系列引导和鼓励优势民企参军的政策举措，民参军环境明显改善，成效不断显现。但民参军要"进得来、站得住、可持续发展"，仍面临各种有形或无形的"玻璃门""弹簧门""旋转门"。拆除这些看得见或看不见的"门"，需要打好"组合拳"。一是加强和谐共处，破除"身份歧视"。众人拾柴火焰高，我们国家这么大、人口这么多，又处于并将长期处于社会主义初级阶段，建设世界一流军队、建设大国国防，需要聚众智服务于国防。应从思想观念深处摒弃所有制歧视，强化国民意识，一视同仁对待国有军工企业和参军民企，增强政策的公平性。二是加强供需对接，破除"需求迷雾"。针对制约民参军的信息壁垒、需求迷雾问题，加强供给与需求之间深度互动对接。搭建高效便捷的军民融合服务体系，面向各类主体做好需求信息发布、政策标准解读、技术转移转化和知识产权保护等方面的服务工作。应探索吸纳民企专家进入军队相关专家组，参与武器装备发展需求论证和科研项目的论证、评审、验收等工作，增强对军事需求的理解和领悟，从深层次搞好供需衔接。三是创新资金投入方式，破除"资金瓶颈"。针对民参军企业反映强烈的融资难、成本高的问题，加快创新投融资方式，探索形成"财政投入引导、专项基金支持、政策性金融扶持、社会资金注入"的多元化投融资格局，为嗷嗷待哺的民参军企业引入"资金活水"。从国家层面，可设立扶持民参军企业的产业引导基金，以股权投资形式支持参军企业，同时客观上也为企业提供信用背书，引导社会资本关注参军企业，从而形成良性循环。当然，民企也要加强自身建设，补齐"能力短板"。打铁还需自身硬，武器装备科研生产关乎国家安全，民企没有两把"硬刷子"，想参军也是不可能的。一些民企手中尽管掌握一些零星技术成果，但离产业化尚有距离，在这种情况下贸然参军是不现实的。参军民企要着力在人才队伍、技术储备、品牌打造等方面练好内功，主动适应和把握军品小批量、高质量、长周期、严管控等特点和特殊要求，积极培育军工文化，强化企业安全保密管理和规范化建设。军队和政府有关部门，应对民企进行跟进服务帮带，使其尽快符合参军要求。

四、加快形成军民融合创新体系

科技是国之利器，国家赖之以强，军队赖之以胜，企业赖之以赢，人民生活赖之以富。推动科技领域的军民融合，核心任务是加强科技领域统筹，着力提高军民协同创新能力。[①]构建军民融合创新体系是一个繁重的任务，需要破除军和民两大创新体系之间封闭隔离，把军事技术创

---

① 《中共中央国务院中央军委印发〈关于经济建设和国防建设融合发展的意见〉》，《人民日报》2016 年 7 月 22 日。

新体系纳入国家科技创新体系之中，促进军民科技信息互通、资源共享、设施共用、技术互促，实现两个体系相互兼容同步发展，使军事创新获得强力支持和持续推动，使民用创新获得需求拉动和能力提升。

军民深度融合的创新源泉

著名经济学家约瑟夫·熊彼特在其代表作《经济发展理论》中有一句名言：创新本质上是"建立一种新的生产函数"，把一种从未有的生产要素和生产条件的新组合引入生产过程之中。按照这一理论，实现科技创新，就是要使军民两大科技体系之间的创意、信息、技术、人才实现充分的互动组合，从而使其发生一系列"化学反应"、产生新的创新，实现知识和价值的倍增、创新效率的提升。这正是军民协同创新的巨大价值之所在。从价值增值角度看，军民融合可分两大类型。一类是效益节约型融合，通过共建共享一些军民通用性的资源、设施和能力，使之同时满足军事需求和民用需求，以减少资源浪费和重复建设，带来资源节约效应，但不会有新的价值增殖，基础设施领域的融合大多属于这种类型。另一类是创新裂变型融合，即通过两大体系中技术、人才、信息的双向流动，实现创新要素的新组合，产生新技术、新产品、新应用，产生新的价值增殖。创新是推动生产力发展和战斗力生成的根本力量，也是触发产业变革和军事变革的持久动力。历史一再证明，强国之所以能够称强，关键在于当世界技术形态发生重大转换之际，能够适时转换本国的技术基础，并以领先于当代的物质技术力量为基础构建强大的军事力量。今天，我们以举国之力推动军民融合，视力所及决不能仅限于资源的优化和节约，更重要的是通过军民协同创新建立强大的创新驱动机制，使经济和国防两大建设的融合发展建立在时代之巅。这正是科技领域军民融合的深远意义之所在。

实现科技超越发展的重大选择

当前，新一轮世界科技革命和产业变革蓬勃兴起，具有极大冲击力，正在对人类社会带来难以估量的作用和影响，将引发未来世界经济政治军事格局的深刻调整，有可能重塑国家竞争力在全球的位置，颠覆现有很多产业的形态、分工和组织方式，重构人们的生活、学习和思维方式。大变革的时代，也是最佳的超越发展时代，要么弯道超车，要么另辟蹊径、换道超车。目前，在大多数传统科技领域，尽管我国奋力追赶，但已经很难全面赶超。如果能抓住新一轮科技革命和产业变革机遇，聚焦一些战略性新兴领域，集全社会之力加以突破，则有可能迅速实现弯道超车和创新引领。在人类进入核时代之际，我们通过发挥社会主义集中力量办大事的体制优势，依靠军民大协作，调集汇总分散在国民经济各个领域的能量，拿到了核俱乐部的"入场券"，保证了我们几十年的和平发展。今天，人类正进入第四次工业革命时代，世界主要国家纷纷加紧谋篇布局，以抢占全球创新链的高端。在很多正在兴起的科技领域，我们与发达国家处在同一起跑线上。比如，在大数据、人工智能、物联网、虚拟现实、无人机、无人驾驶等领域。在互联网应用领域我们甚至已经在引领世界潮流，比如，微信、共享经济、电子支付等。在量子通信、空间科学、深海探测、生命科学等重要领域，我国也有条件、有机会走在创新前列甚至领跑世界前沿。总之，我们正在进入一个全新的时代。新时代需要新觉醒、新理念、新作为。我们要站高、看远、想深、谋实，破除军民两大创新体系的封闭隔离，加快推动科技领域的军民深度融合，打造汇聚各方力量的创新大军，构建面向全社会开放的军政产学研协同创新体系，举全社会之力抢占未来科技发展的制高点，牢牢把握世界科技革命和军事竞争的战略主动权。

建设世界科技强国的题中之义

2016 年，习近平在全国科技创新大会上发出了建设世界科技强国的号召。我国科技事业发展的目标是，到 2020 年进入创新型国家行列，到 2030 年跻身创新型国家前列，到 2050 年建成世界科技创新强国。按照"三步走"战略建设世界科技强国，必须发挥国防科技创新的重要作用，加快建立健全军民融合创新体系。纵观创新型国家的成长路径，无不是军事需求与民用需求双轮驱动、军事创新与民用创新良性互促的过程。美国的军民一体化创新体系是驱动美国经济、科技、军事车轮滚滚向前的"动力之源""活力之源""创新之源"。美国创新活跃的秘诀绝不仅仅是一些人所说的美国是"一个企业家蓬勃的社会"，恰恰在科技创新领域美国政府扮演着企业家角色，在私人风险资本开溜的全新未知领域，由美国军方提供了风险投资和早期资助。二战结束至今，美国军方向战略前沿科技领域的进军从未停歇过。美国高技术产业发展历程显示，其大多数是美国国防部先行对新技术进行风险投资，对新产品实行保护性购买，直到引导出现一个新的产业领域，政府才会随之退出和隐去。美国著名投资人阿伦·拉奥在《硅谷百年史—伟大的科技创新与创业历程（1900—2013）》一书中坦承："军方在产业培育过程中起到了根本性的作用。新技术过于昂贵，而且不稳定，不适合通用市场。军方是唯一愿意做新技术试验而又不讲价钱的买家。"[①] 美国科技史学家迈克尔·怀特在《战争的果实：军事冲突如何加速科技创新》中说："必须指出的是，科学的进步并非完全源自军事需求的助推，也并非完全依赖于国防委员会资

---

① ［美］阿伦·拉奥、皮埃罗·斯加鲁菲：《硅谷百年史—伟大的科技创新与创业历程（1900—2013）》，闫景立、侯爱华译，人民邮电出版社 2015 年版，第 109 页。

助的一些实验室。然而，来自军方的需求常常是主因，而且势不可当。"①
以色列是一个人口仅 800 万的小国，近年来迅速崛起为全球创新的"大
国"，奥妙就在于其所建立的军民融合科技创新体系。以色列实行义务兵
役制，高素质的新兵不断充实到军队的研发部门，年轻人退伍后再回到
企业或大学继续从事研发工作，再将技术成果返还军队，这种军产一体
的技术循环体系支撑着以色列的技术创新。改革开放后，我国自主创新
能力不断提高，但科技大而不强、虚胖体弱问题仍十分突出，一个重要
根源在于科技创新领域的军民分离。当前，我国科技创新正处在从跟跑
向并跑过渡继而谋求向领跑跃升的关键阶段，要大幅提升自主创新能力，
必须拆除军民科技之间的藩篱，让军事创新和民用创新深度融合、协同
发力。从这个意义上说，军民融合是一场科技创新能力再生的革命。赢
得这次革命，我们就能获得强大的科技协同创新效应，加速我们建设创
新型国家、建成世界科技强国的进程。

科技兴军的必由之路

大幅提升我国军事能力，必须突破战斗力生成的技术瓶颈。近些年
来，我国国防科技取得了长足的进步，但仍有不少关键装备、核心技术、
高端产品还依赖进口。有效解决这些问题，必须深入推进军民协同创新。
与此同时，当前科技创新正在呈现一些显著变化，民用领域日益成为重
大技术创新的"策源地"。在 20 世纪，国防科技创新一直是技术变革的
"火车头"，技术扩散的主要方向是"军转民"。进入 21 世纪之后，引领
性技术变革往往发轫于民用领域，如人工智能、3D 打印、网络技术、大
数据等，军队只有迅速吸收这些颠覆性创新成果，才能保持技术领先。

① ［美］迈克尔·怀特：《战争的果实：军事冲突如何加速科技创新》，卢欣渝
译，生活·读书·新知三联书店 2016 年版，第 9 页。

同时，一些前沿技术具备军用和民用的属性。比如，人工智能、互联网、大数据、3D 打印、物联网等前沿技术，在军事应用和民用方面都展现出了巨大的发展前景。在军民通用技术时代，军队如果不开门搞创新，不走军民融合创新路子，不及时吸收运用喷涌而来的新技术，就会自闭于世界潮流之外，也就失去了竞争优势。

既然构建军民融合创新体系如此重要，我们当如何作为？

加强宏观统筹

构建军民融合创新体系是一项艰巨的系统工程，需要通过强化顶层统筹，强化军民协同，强化开放共享，强化双向转化，强化政策激励，打破国防科技和民用科技自成体系、自我封闭的发展格局，着力建设各类军民创新主体协同互动、军民创新要素顺畅流动、高效配置的生态系统，形成军民协同创新的实践载体、制度安排和环境保障，使国防科技创新植根于国家科技创新的深厚土壤，同时，以军事需求和国防科技创新带动国家整体科技创新水平跃升。在这方面，我们要着力健全统筹机制。当前，我们还没有构建起国防科技和民用科技统筹管理的体制机制，科技管理领域军民分离、各自为政、分散管理，既容易造成科技分散投入、重复投入等问题，也会阻碍军民创新体系的有效融合。我们必须破除这种传统体制机制。从国家层面看，必须在中央军民融合委员会领导下，在科技领域健全横跨军地的国家创新统筹管理机制，统筹协调军民科技战略规划、方针政策、资源条件、成果应用。重点加强三条线路科技规划计划的统筹。目前我国国防科技和国家科技两大体系大致分成军工（国防科技工业）、军队（中央军委）、民口（国家科技）三条线路。由于应用对象不同，三条线路的科技发展总体上不可能融为一体，但在基础研究环节，有很强的通用性，在应用研究乃至共性技术研发环节，也有一定程度的通用性。通用性构成了"统筹""融合"的客观基础。所以，我们要加强统筹，做到能融则融、应融尽融。要有专门的部门和机构常态化开展需求统一分析与发布、技术领域和项目征集与评估、科技协同规划计划编制、科研任务分配和科研活动监管等。要加强军民科技基础要素的统筹配置。统筹军民共用重大科研基地和基础设施建设，推动双向开放、信息交互、资源共享。推动国家重点实验室和国防科技重点实验室、军工和军队重大试验设施与国家重大科技基础设施的共享开放与信息交互。

探索协同创新新形式

近年来，世界主要国家顺应开放式创新趋势，积极利用外部创新资源推进军民协同创新。其中最为著名的是，美国国防部高级研究计划局主办的"超级挑战赛"。美国航空航天局（NASA）把一些影响载人航天领域中人的健康和工作的挑战性问题，通过第三方开放创新平台，发布给国内外的参与者以吸引社会创新。这些都是互联网时代军民协同创新的新尝试。长期以来，我国武器装备发展和军工核心能力建设久攻不克的瓶颈技术问题，根源在于国家科技与工业支撑不足。实施国防重大瓶颈技术攻关，必须加强对国家科研与工业力量的利用，充分吸收全社会的科技力量，尤其是民口高等学校、科研院所的优势力量，共同破解发展难题。鼓励军队科研院所、军工科研院所与地方政府、高等学校、科研院所、民口企业开展协同创新，以需求为牵引，搭建协同载体，创新治理模式。近年来，深圳、东莞等地涌现出一批新的协同创新载体，其特点是多个创新主体优势互补组建新的研发团队，开发新的技术和产品，孵化新的企业，将新的技术商业化。深圳清华研究院是一家由深圳市政府和清华大学合作的突破传统体制的机构。类似的新型研发机构还有中国科学院深圳先进技术研究院、华大基因研究院、光启研究院、中物功能研究院、东莞同济大学研究院、东莞信大融合创新研究院等等。这些新型研发机构在军民协同创新方面表现出惊人的力量，突破了一大批长期制约发展的技术瓶颈。与此同时，我们也要创新思维，适应互联网时代创新活动开源开放的新趋势，探索基于互联网、面向全社会、面向全球的军民大协同创新模式，以"挑战赛""揭皇榜"等方式，凝练和解决来自于实践中的科学问题，探索科研活动的众包众筹，充分挖掘蕴藏在人民群众之中的创新智慧和创造潜力，让大学生、青年人的奇思妙想转变为发明创造，转化为人生财富和社会价值。

紧盯前沿尖端

主动发现、培育、运用可服务于国防和军队建设的前沿尖端技术，捕捉军事能力发展的潜在增长点，是加快军民协同创新的内在要求。在"科技革命—产业革命—军事革命"这一完整链条上，原点的迟钝与错失，直接影响着世界舞台上竞争者的不同命运。适者兴、违者衰，主动者赢、被动者败。当今世界正孕育一场对未来军事活动具有重大影响的颠覆性技术创新浪潮，要善于捕捉军事能力发展的潜在增长点，大胆挖掘隐藏的"黑科技"为我所用。颠覆性技术能够"改变已有规则"，与现有技术相比，在性能或功能上有重大突破，从而能够很大程度上改变现有的作战模式或作战规则。这些颠覆性技术，多是典型的军民通用技术，常常隐身于一堆民用技术之中，等待我们去发掘发现。如何捕捉隐身的"黑科技"？美国的 DARPA 作为一个成功范例已为人们熟知。其他国家也纷纷加快步伐。2012 年 10 月，俄罗斯总统普京签署法令，批准成立国防高级研究基金会，旨在借鉴美国国防部高级研究计划局运作模式，促进颠覆性技术的诞生和发展。长期以来，我国国防科技过分跟随型号发展，科技创新过度依赖型号需求牵引，国防科技自身的发展规划、能力建设和资源分配被置于工程技术层面，从而造成对一些基础性、前瞻性科技发展的疏略，致使在若干关键基础性领域难以与国外先进水平抗衡。时至今日，我国国防科技基础研究能力严重不足，仿制的路子已经走到头了。适应全球新一轮科技革命孕育发展的大趋势，我们应创建类似美国国防高级研究计划局的基础科研创新模式，加大对基础性、战略性、前沿性科学研究的稳定支持与积极培育，厚植国防科技自主创新的根基。我们要组建专业化的国防高技术研究管理机构。这种机构不需承担具体项目研制任务，而是专注于开放性选择和资助合作伙伴以进行创新，以合同竞争方式充分调动高等院校、军队单位、政府机构、军工企业、民营企业、社会团体甚至个人参与创新性概念和技术的研发，为探索前沿技术提供支撑。可组建以科学家、工程师为主体的复合型项目管理团队，实施项目管理。在全国范围内遴选专业的项目管理人才，实施科研创新项目管理，建立感知军事需求、遴选研究项目、发表项目指南、项目招标委托、稳定支持和管理项目研究、转移技术至型号研究这样的管理闭环。可成立国家风险投资基金，作为军工企业、研发机构的技术孵化器，稳定支持从事国防前沿技术的探索性研究。在全国范围内遴选支持原创性研究。充分依托国家创新体系，发挥民用高科技资源对国防科研的支撑作用，建立包括政府、军方、企业、高校和科研院所等在内的军产学研联盟方式，通过合作开放式创新，对处于基础研究阶段的概念研究持续投资，寻求突破性发展。

加快国防科技民用转化

当前，我国国防专利"重确权保护，轻流转运用"、国防科技成果转化转移难的问题较突出。一方面，关键领域核心技术受制于人，每年支付大量的专利使用费花高价从国外引进技术，还屡屡面临被人制裁的风险；另一方面，由于制度机制改革滞后，致使我们自己创造出的大量国防专利长期"沉睡"在保密柜中。我国国防专利制度长期以来"重定密、轻解密"，国防专利权人申请专利解密往往要经过层层严格审批、困难重重，许多创新主体不敢触碰保密红线，不能确定哪些国防专利成果可以降密和解密。加之受制于制度建设不完善，信息交流不顺畅，权益分配不均衡，相应的评估、评价和交易机制尚未建立等因素，国防专利技术绝大多数仅用于本系统，转化为民用还非常少，这就使得国防专利成了"睡美人"，美则美矣，只能远观。激活"沉睡"的国防专利，加速把国防领域的优质创新要素引入民用创新领域，是一项现实而紧迫的重大任务。必须加快完善国防知识产权归属与利益分配机制，健全完善国防专利定密解密规定，推动国防知识产权信息综合服务平台建设，加强军民技术双向转化服务体系建设，积极引导国防科技成果加速向民用领域转化应用。近年来，四川高校院所科技成果推进"先确权、后转化"的做法很具启发意义。针对一些高校和院所有权利但无动力进行科技成果转化转移，而有动力有能力进行转化转移的职务发明人又无权利进行科技成果转化转移的问题，西南交通大学探索了职务科技成果权属混合所有制试点。考虑到科技成果的价值实现极大地依赖于职务发明人全程深度参与，发明人是对科技成果的各项指标、技术特征最为熟悉的人员，如果没有他们的参与，在产业转化转移中科技成果利用出现任何问题都可能导致转化中断或者交易取消，或者成本提升。"职务科技成果混合所有制"改革的核心在于，明确了科技人员与所属单位是科技成果权属的共同所有人，将"先转化、后确权"改变为"先确权、后转化"，将事后奖励改变为事先的知识产权。由于给予科研人员明确的知识产权预期，鼓励了职务发明人从立项到科研全过程都重视成果的可转化转移价值，从而产生出更多可转化转移科技成果，极大提升了专利的质量。前期奖励知识产权与后期奖励股权，效果大不一样。在"西南交大九条"发布 1 年多时间里，已有超过 150 项职务发明专利完成了分割确权，8 家高科技创业公司成立，而在 2010 年至 2012 年 3 年时间，西南交大仅有 7 项专利得到转化。① 这深刻表明，产权激励是对人力资本的首要激励，是最具激励效应的途径与方法。通过所有权赋予科技人员在科技成果转化中的主体地位，能够促进科研人员与受让方构建紧密的合作关系，促进高校院所的科技成果顺利转化转移。

营造协同创新良好生态

过去，人们将成功的创新模式总结为一所大学、一个高科技园区和充足资金加总的"三合一"模式。但近年来，更多人认识到，良好的创新生态系统才是创新成功的根本保证。当前，影响和制约我国军民协同创新的诸多问题，归根结底都与创新生态缺失有关。从创新发生学的规律来看，创新最初只是一个"想法"，只有在适宜的条件下这个想法才会变得强大、会被不断打磨，会变成行为，成为一项发明，进而整合成一个产品，最终成长为一个产业。一个"创意"从萌发到生根发芽，到苗壮成长，到开花结果，需要适宜的土壤。最近，著名经济学家周其仁提出，创新的产生需要"三度"，即"浓度""密度""高频互动"。② 所谓"浓度"，就是创新需要创新分子凑到一起才能成事。因为创新者往往是那些不满现状、敢做梦、有想法的人，而这些人在很多地方都不大受待

---

① 谢商华：《高校院所科技成果不妨"先确权、后转化"》，《光明日报》2017 年 6 月 8 日。

② 周其仁：《改革突围、创新突围——2017 年的中国经济》（系在深圳创新发展研究院的演讲）。

见，所以，创新者要凑到一起互相鼓舞、互相欣赏、互相激发、互相打磨。所谓"密度"，就是创新企业、人才和各种创新资源集聚的密度要足够，创新才会发生。"高频互动"，就是要把科学家、大学、研究所、政府、国防需求、地方发展、初创企业、风险资本等所有资源尽可能凑到一起，形成一种利于创新的氛围。"三度"实际上就是创新生态系统的营造。创新并不会普遍发生，创新是一种高度集聚的区域现象，在一定的区域内形成人才集聚、头脑碰撞、想法激荡，大家抱团鼓励探索、宽容失败，再加上金融、法律的配套。目前，我国已经形成了一些区域创新高地，比如，北京中关村、深圳、武汉东湖、成都、西安、杭州等等。在全国一些重点的创新密集区，建立军地产学研用相结合的军民协同创新平台，加强军民之间的高频互动与深度对接，着力优化创新政策体系，培育鼓励创新、宽容失败的文化，努力营造支持创新、追求卓越的社会氛围，激发军民协同的创新活力和潜力。

强化军民协同创新政策激励

创新之火，需要政策之油"助燃"。军民协同创新，作为多部门、多主体参与的创新活动，尤其需要政策激励这一"助燃剂"。人会对激励作出反应，这是经济社会发展的基本规律。激励有好的激励和坏的激励、正向激励和负向激励之分。好的激励会使人奋发有为、创新频出，坏的激励会使人才沉淀、庸碌无为。实践中，要搞出一个坏的激励往往很容易，比如，在收入分配搞"一刀切"、吃"大锅饭"，很快就会抑制人的积极性。而要创造一个好的激励，却是一个极不容易的过程。经济学家威廉·伊斯特利在《经济增长的迷雾》一书中说："这是一个需要一步一步去实施的原则，逐渐消除那些不好的激励，创造恰当的激励。这就像我们走山路一样，需要砍掉挡在我们面前的荆棘，努力寻找好走的地方，有时候我们也许会发现很难前进。"① 长期以来，我们在创新激励方面，那种"重物轻人、重有形轻无形"的传统观念根深蒂固，严重阻碍着创新潜能的释放，导致各种激励扭曲的现象层出不穷。在创新投入上，我们的目光总是盯着增加对"物"的投入搞创新，大量的科研经费往往投入于硬件购买，而忽视对人本身的投入；在创新价值分配上，忽视无形的创意、思想、知识产权的价值，不重视创造性复杂劳动的价值，给创造性劳动给予一般性劳动的报酬；等等。事实上，创新的核心要素是人而不是物，是蕴含在人身上的由天分、资质、知识、技能、经验等构成的"人力资本"。正如华为总裁任正非讲的，"我们搞科研，人比设备重要，用简易的设备能做出复杂的科研成果来，而简易的人即使使用先进的设备也做不出什么来"。因为人是一种"活"的资源，与"死"的物质资源有本质的区别。物的产权可以通过交易转移让渡给别人，人的劳动尽管可以被雇佣，但是人力资本产权却不会发生转移，每个个人是天然的承载者。任何对人力资本合法的或是强制性的使用，都要通过承载者的主动控制或释放才能实现，而是否释放、多大程度上释放，取决于承载者的意愿。因此，面对与自己意愿完全悖逆的，哪怕是合法的强制性使用，理性的承载者也会"关闭"或"看似打开地关闭"其人力资本释放"阀门"。而要识别、判定、矫正这种"关闭"，是要付出极大成本的，有时几乎是不可能的。而恰恰是那些好的政策激励，会诱导性地打开人力资本的释放"阀门"，当然，坏的激励也会在瞬间关闭人力资本的释放"阀门"。因此，要正视和承认人力资本的价值，确立"以人为中心"的创新激励政策导向。要保护和承认知识产权的价值，承认大脑的价值，承认创造性复杂劳动的价值，实行以增加知识价值为导向的分配政策，提

---

① ［美］威廉·伊斯特利：《经济增长的迷雾：经济学家的发展政策为何失败》，姜世明译，中信出版社 2016 年版，第 134 页。

高科研人员成果转化收益分享比例，让科技人员充分享受创新创造收益，最大限度激发他们的创新创造活力。华为之所以能够取得今天的创新成就，很大程度上就得益其创新激励制度，华为的人才受到收入、股权、职业上升通道、公司价值观等多重激励，员工加班工作成常态。企业创新如此，国家也是这样。在军民协同创新中，如果创新的价值最终不能回馈创新者本身，创新的动力迟早会枯竭，很多创新最终会沦为"一锤子买卖"或昙花一现。

五、推动教育领域的军民融合

强军兴国，要在得人。我军现代化建设和军事斗争准备深入推进，武器装备和新型作战力量快速发展，对拓宽人才培养渠道、改进人才培养模式提出了新的要求。《意见》提出，要"加强教育资源统筹，完善军民融合的人才培养使用体系"[①]。推动教育资源融合，构建军事人才培养军民融合体系，旨在充分发挥国民教育资源优势和军队院校特色优势，促进军地教育资源的共享利用，既依托国民教育资源培养军事人才，又运用军事教育资源培养地方特殊人才，促进军地人力资源双向流动和深度开发利用。

军事人才培养军民融合是最深层次、最具牵引性的融合领域。当今时代，大国之间的综合国力竞争日趋激烈，综合国力竞争的最高表现形式和最终决定手段是军事实力竞争，而军事实力竞争归根结底是军事人才的竞争。建设世界一流军队，一定要有一流的人才，二流的人才不可

---

① 《中共中央国务院中央军委印发〈关于经济建设和国防建设融合发展的意见〉》，《人民日报》2016 年 7 月 22 日。

能造就一流的军队。这是因为，人，特别是具备一定能力素质的人，是创新军事理论、掌握军事技能、推动军事实践发展的主体，是战争中武器装备的使用者、作战方法的创造者、军事行动的实践者。抓住了军事人才这个"活要素"，就占领了当今时代军事竞争的第一高地，掌握了打赢现代战争的第一资源。人才不仅具有支撑发展的作用，高端人才还具有开拓创新、引领发展、重塑体系的作用。重塑再造一支现代化的军队，必须有现代化的人。世界著名学者英格尔斯在论及人的现代化的重要性时，曾精辟地指出，一个国家，只有当它的人民是现代人，它的国民从心理和行为上都转变为现代的人格，它的现代政治、经济和文化管理机构中的工作人员都获得了某种与现代化发展相适应的现代性，这样的国家才可真正称之为现代化的国家。因此，在军民融合发展的大体系中，人才的融合处在基础性、决定性的地位。只有人才在军地两大体系之间的交流共享，才会带动新思想、新创意和其他要素资源的扩散渗透。推动军事人才培养使用的军民融合，才能打开封闭的军事人才金字塔结构，使之能够开放地吸取"宇宙"能量，形成与全社会优质教育和人才资源的深度交流与优势互补，推动我军人才队伍建设整体水平有一个大的跃升。

推进军事人才培养军民融合，也是构筑军事人才高地的内在要求。军事领域是竞争最激烈的领域，是最需要创新活力的领域。但囿于军队内部封闭的人才金字塔结构，这一领域往往也是最容易滋生守旧保守的领域。构筑军事人才高地，必须从人才培养引进的源头入手，推动军民融合深度发展，以此来吸收新鲜"思想"，注入新鲜"血液"。当前，世界主要国家的军队纷纷推出多种举措促进人才的军民融合，以持续不断地引入新思想、新观念。美国国防部采取的举措主要有：借重外脑作用，成立国防创新咨询委员会；实施军人职业生涯中断试点计划，让现役军人休假几年以获取学位或学习新技能；启动"企业家进驻试点项目"，在国防部不同部门"嵌入"一些知名企业家，引入新的思维协助解决重大任务；创立国防数字部队计划，从硅谷招募天才计算机科学家和软件工程师；启动"国防部长管理人员见习项目"，遴选官兵到微软、亚马逊、Space X 等顶尖企业以及州和地方政府进行见习以扩大视野。俄罗斯国防部也在全军范围陆续组建科学连，吸纳国防工业综合体的年轻专家参与创新。当前，随着我军信息化建设程度的不断加深，对高素质人才的需求越来越大，仅靠军队现有人才培养体系已难以满足信息化战争的需要，必须打破人才培养使用上的军民二元分离，依托整个国民教育资源体系培养军队人才队伍。按照军地联合、创新发展、共育人才的思路，加强军地优质教育资源共享合作，拓宽军地人才教育培训渠道，增强国民教育和社会资源对军事人才培养的支撑带动作用，实现官兵人力资本持续更新和倍增，不断夯实人才融合这一军民融合的基础工程。

近年来，我军人才培养军民融合迈出坚实步伐，取得了明显成效。军队和地方人才双向交流渠道不断拓宽，依托国民教育培养军队人才也初具规模。军地协作培养军事人才已由过去单一的军队接收方式，发展为以招收选拔国防生和从地方大学生中直接招收的主要形式，以及以依托普通高校开展研究生教育、选送在职干部参加地方培训、直招士官、聘用文职人员等为重要形式的多种培养渠道，较好满足了部队多系统、多层次、多样化人才需求。此外，征集大批地方大学生入伍，大大改善了兵员素质结构，促进了部队战备训练和各项建设。目前，军地共育人才的态势初步形成，118 所地方高等院校与军队签约培养军事人才。其中，60% 为国家"985 工程""211 工程"重点高校，40% 为省属重点或特色专业院校。军民融合的军队人才培养领导管理体制基本建立，按照精干高效、运转顺畅的要求，并设立了相应的工作机构。军队人才培养军民融合政策制度建设日益完善。2000年，国务院、中央军委颁布了《关于建立依托普通高等教育培养军队干部制度的决定》，2011年，中央军委颁发《2020年前军队人才发展规划纲要》，对培养军事人才发挥了重要作用。但是，与信息化战争的需求相比，军事人才培养军民融合方面仍面临一些不足。军地双方优质教育资源开发利用程度不高。目前，军地合作培养军事人才尚处于摸索阶段，军地之间的优质教育资源还没有充分开发利用，依托培养人才质量不能完全适应部队要求，成为部队反映比较强烈的问题。依托培养的军队人才虽然基础理论知识扎实，但军政素质、第一岗位任职能力相对偏弱，到基层建功立业的思想准备不够，个别难以很快适应部队环境，所学专业知识未能得到充分运用。急需在下一步深化改革中解决这些问题。

着眼未来，推动教育领域军民融合发展，要坚持资源共享、军地合力、双向互促、质量优先，在以下方面取得实质性突破。

完善依托国民教育培养军事人才形式。国民教育作为国家教育体系的主体，在通识教育领域积淀深厚、优势明显，与军事教育可形成优势互补，要构建以联合作战院校为核心、以兵种专业院校为基础、以军民融合培养为补充的院校格局，形成中国特色军民融合人才培养体系。这些年，我们依托国民教育培养军事人才取得良好效果，也遇到一些问题。新形势下，要坚持走以提高质量为核心的内涵式发展道路，突出军队需求牵引，聚焦紧缺专业、重点高校、优势学科，进一步提高依托国民教育培养军事人才的质量效益。要拓展依托国民教育培养军事人才范围。培养对象由生长干部为主拓展到包括生长干部、在职干部等在内的各类对象培养，培养类别由培养军官为主拓展到培养军官、士官和文职人员等各类人才，培养层次由以本科教育为主拓展到包括大专、本科、硕士和博士等各学历层次，培养基地由普通高校拓展到包括普通高校、普通中学、科研院所等各类单位。深入推进国防生培养制度改革。从 2017 年起，不再从普通高中毕业生中定向招收、不再从在校大学生中考核选拔国防生，调整为面向地方院校毕业生直接选拔招录，以更加广泛地利用国家教育资源，吸引更多地方优秀人才进入军队建功立业。加大政策支持和引导激励力度，对承担军事人才培养任务的单位，国家在条件建设、财政投入、表彰激励等方面给予政策倾斜。

健全特殊人才发现培养和输送机制。随着新兴领域的不断出现和军事专业化程度的不断加深，军队现代化建设对各类特殊人才的需求更加强烈。比如，海洋、太空、网络、生物、深海、极地、人工智能等新兴领域，都对军队特殊人才提出了极为紧迫的需求。相对常规人才，特殊人才是指那些具有特殊潜质、特殊知识、特殊技能、特殊经历，从而能够发挥特殊作用的人才。特殊人才是极其稀缺的宝贵人才资源，在国防和军队建设的特定领域具有不可替代的作用。比如，互联网领域的人才，不少是怪才、奇才，他们往往不走一般套路，有很多奇思妙想。对待这些特殊人才要有特殊政策，不能按管理常规人才的思路去管理，不要求全责备，不要论资排辈，不要都用一把尺子衡量。特殊人才通常藏于民间、凤毛麟角、发现困难，迫切需要打破学历、资历、经历、年龄、身份等常规人才使用标准和要求，加快建立特殊人才发现培养和输送机制。要树立不求所有但为所用的特殊人才使用理念，向用人主体宽松用才放权，为特殊人才松绑，通过举办各种竞技性比赛的方式面向民间去发掘各类"奇才""怪才"和"高手"，统一建库备案以备所用。

运用军队优势资源为地方培养紧缺专业人才。运用军队优势教育资源培育地方人才，是人才培育军民融合的重要方面，也是世界各国的共同做法。要发挥军事院校特色和专业优势，为国民经济和社会发展培养急需紧缺的专业人才。针对那些社会急需的专业，由于国民教育系统培养能力不足，军队院校具有独特培养优势，可在培养军队人才的同时为国民经济人才培养服务，比如，海洋维权与执法、民航飞行及装备维修、人防工程、国防动员、核生化防护、雷达电子、网络信息化、医疗卫生等专业领域人才培养。军队院校还要为国防军工和国防事业培养优秀人才，要依托军队院校开展地方党政领导干部和国有大中型企业负责人的国防教育培训以及高校军事教师的任职培训。要开展依托军队院校开展军民融合专业人才培训，为军民融合发展战略提供人才保障。

推动军队退役人力资源深度开发利用。军队退役人才是一个尚待发掘的巨大"人才池"，是实施军民融合发展战略可倚重的人才宝库。以色列这个曾经穷得叮当响的地中海农业国，为什么能够在短短几十年间跃升为领先的创新型经济体？以退役军人为主体的创新创业者的加入是重要原因之一。这些退役军人的创新创业与军事需求紧密融合，推动了网络信息、电子技术等高科技产业的兴起。在以色列，年满18岁的青年男女必须服兵役，服完兵役上大学，同时转入预备役。正是在这种兵役制度之下，民众普遍具有很高的国防意识，为军民融合提供了广泛社会民众基础。新中国成立以来，我们共有5700万军队人员退出现役。这些退役军人经过部队严格教育训练和重大任务考验，特别是一些中高级军官大多都经历过多轮职业教育、多岗位历练，能力素质普遍高于社会同等人力的平均水平，是经济社会发展中最优质人力资本。大批军队干部或解甲归田、屯垦戍边，或充实到地方各级党政机关，或转战到工业、农业、文化、体育、商贸等各个领域。时至今日，在治国理政的干部队伍中，在搏击商海的精英中，在科研战线的领军人物中，在军民融合的浪潮中，在文化艺术界先锋中，到处可见军转干部的身影。2014年，习近平在接见第六次全国军转表彰大会代表时讲道，"我也是一名军转干部"，让大家倍感亲切。张建华所著《向解放军学习》一书中有一个数据，"截至 2004 年底，以营业额计，在中国排名前 500 位的企业中，具有军人背景的总裁、副总裁就有 200 人之多。"[1] 翻开 25 年来中国本土企业发展史，可以发现，改变了中国人的生活、创造了我们这个繁荣时代的中国企业家中，许多人都出身于军队：联想的柳传志、海尔的张瑞敏、华为的任正非、华润集团的宁高宁、万科的王石、华远的任志强、广厦集团的孙广信、科龙的潘宁、杉杉集团的郑永刚、宅急送的陈平等等，可谓群星灿烂。实践证明，军转干部接受党和军队多年培养，政治信仰坚定、组织纪律严明、工作作风过硬，这些军人品质是其最优质的人力资本。可以说，军转干部是财富不是包袱。要制定完善相关政策，为军队退役人力资源深度开发利用创造条件。

六、推动社会服务的军民融合

进一步加强社会服务统筹，提高军队保障社会化水平，是国家对于推动社会服务军民融合发展的任务部署。[2] 其核心是，通过加强社会服务统筹，优化配置和高效利用社会服务资源，把军队保障系统融入到国家公共服务系统之中，推动军队由自我保障、自我服务向依托社会服务和购买社会服务转变，最终改变军队自我保障、自成体系的传统模式，把军队保障系统搞精干、搞充实，把核心军事能力搞强，最大限度降低军队保障成本，提高军民整体保障效益。

当今世界，无论发达国家还是发展中国家的军队，都在走依托国家

---

① 张建华：《向解放军学习》，北京出版社 2015 年版，第 5 页。

② 《中共中央国务院中央军委印发〈关于经济建设和国防建设融合发展的意见〉》，《人民日报》2016 年 7 月 22 日。

公共服务体系搞军队保障的发展路子。近年来，以美国为代表的世界主要国家把越来越多的军队保障任务甚至核心保障任务交给社会力量，不仅平时这样，战时也是如此。近几起局部战争中，西方发达国家从日常生活用品到复杂仪器设备，从生活服务到医疗保障，从技术维修到军事运输等保障工作都充分利用民间力量来完成。美国国防部五角大楼2万余人的饮食、交通、维修等服务保障均承包给了地方的公司。俄罗斯军队把军民通用的保障实体交给了社会，保障规模压缩了近40%。德军国防部与财政部联合开办了"发展—采购—运营公司"，全军所有公务用车和被装均有公司负责，实行市场化运作，用车数由7900辆减少到5000辆，驾驶员由5000名减少到1000名。显然，利用社会力量搞军队保障，已成为一些国家的基本政策取向，我们必须紧跟时代步伐，进一步拓展军队保障社会化范围，提升保障社会化层次和水平，尽快建立军民融合的军队保障体系。

军队保障社会化是最早进行军民融合探索实践的领域，经过近些年来的不断改革实践，军队保障社会化从"三化一改"到"十化一改"，社会化保障的范围不断拓宽，共撤销各类保障机构6000余个，全军共精减军人岗位2万多个，军队保障摊子大大收缩，保障负担大幅降低，保障效率和质量明显提高，取得了显著的军事、经济和社会效益。近年来，随着实践的不断推进，军队保障和社会保障的结合面越来越广、融合度越来越深。军队保障社会化领域由后勤向军事、政治、装备等领域拓展延伸，保障范围由驻大中城市非作战部队向作战部队和小散远单位延伸，保障方式由试点先行、分类推进逐步向规模集约推进转变，初步打破了军队自成体系的保障方式，形成了依托社会保障军队的新路子。[①] 同时，

---

① 　全军保障社会化工作领导小组办公室：《军队保障社会化回顾与展望》，《军民融合》2015年第1期。

还应看到，现有的保障领域比较窄、融合效益比较低、体制机制比较僵化、政策法规相对滞后等重难点问题尚未完全解决，一些长期制约改革向广度和深度发展的深层次矛盾问题还在困扰着我们，必须进一步拓展军队保障社会化领域和范围。

推进军队保障社会化，必须加快相关改革。在军队保障社会化改革中，必须充分利用改革的大环境，大力拓展军队保障社会化领域，建立形成整体筹划、梯次推进、动态可调的军队保障体系，实现军地保障社会化的转型升级。一方面，对饮食保障、商业服务、营房保障、油料保障、医疗保障等已推开的传统保障领域，要结合经济社会发展的特点，及时优化调整保障模式，积极探索建立新的保障监管机制，还要继续推进与国家社会保险制度改革相衔接的改革，逐步建立军人保险保障体系，进一步提升军队保障社会化的层次水平。另一方面，对作战演习、海外护航撤侨、国际维和、人道主义救援、抢险救灾、公务用车、废旧军事资源再生利用等非传统保障领域，要组织力量加强系统调研，开展全方位的筹划论证，积极开展先期区域试点验证，条件成熟后再向全军推广实施，逐步形成符合国情军情、平战结合、军民深度融合的军队保障社会化体制机制。

推进军队保障社会化，必须不断拓展社会化保障范围，探索新形式。军队保障面广，涉及饮食保障、商业服务、营房保障和交通保障等各个方面。推进军队保障社会化，需要加快推进包括饮食、商业服务、营房和交通等在内的保障社会化，把营区水、电、气、供热纳入地方城市基础设施建设规划，为促进营区生活保障社会化提供基本条件。同时，对远离军队保障体系、具备社会化保障条件的小远散单位，逐步实行医疗和油料供应社会化。建立与国家人事劳动制度和社会保障政策制度相衔接，与军队现代化建设相适应的富余职工分流安置模式。在军队保障内容上，积极探索平时服务、急时应急、战时应战条件下的保障社会化，推进保障社会化由平时生活保障，向多样化军事行动保障、向战时应急保障的顺畅衔接。

推进军队保障社会化，必须建立健全军地统筹衔接的公共服务体系。公共配套体系建设是军队保障军民融合发展的基础和依托，只有完善公共配套体系，军队保障军民融合发展才具备基础和条件。为此，必须建立健全医疗、住房、保险等军地统筹衔接的公共服务体系。完善军地医疗卫生资源共享机制，逐步扩大军地医疗资源双向开放，加强对军地医疗机构床位、医疗设备等资源的统筹调控，不断提高卫生医疗资源使用效率。构建政府保障和市场配置相结合的军队住房保障制度，对军队安置住房建设项目给予用地划拨等优惠政策支持，建立军人住房公积金贷款制度，逐步推进住房社会化供应和物业化管理。同时，发挥"双拥"工作服务保障作用，加大退役军人安置、军人随军家属就业、子女入学等方面抚恤优待力度。

七、推进应急应战和公共安全的军民融合

应急和公共安全是人类社会进步和各项事业发展的必要条件，是维护国家安全和社会安定的重要方面。国防动员是推动经济建设和国防建设融合发展的"调节器"，是实现把蕴藏在民众中的战争潜力转化成战争实力的"转换器"。推动国防动员领域的军民融合，加强国防动员与国家应急体系的兼容衔接，加强军地公共安全合作，有效预防和有效应对各类突发事件，对于全面提高军地协同应对和联合应急管理能力，构建军民一体化的国家应急应战能力，保障公众生命财产安全，维护改革发展

稳定大局具有十分重要的意义。

推进国防动员军民融合是提升国家治理能力的客观要求。我国国家应急管理体系是从2003年"非典"疫情爆发后组建的。经过十几年的建设运行，现已形成了以"统一领导、综合协调、分级负责、属地管理"为特征的国家应急管理组织指挥体系。2008年，南方雨雪冰冻灾害、拉萨"3·14"事件和汶川特大地震，军地联合行动、快速反应、有效应对，积累了宝贵经验，统筹应急和公共安全建设初见成效。当前，我国正处在经济社会深刻转型期，各种社会矛盾不断积聚，各类突发事件频频发生，任何一个部门和地区都难以独立应对重特大突发事件，迫切需要改变军民分割、军地两线作战的传统模式，以体系联动的思维，快速、高效调动一切人力、物力和财力，联合处置应对和化解风险危机，最大限度地减少各类突发公共事件造成的损失，最大限度地保护人民群众生命财产安全。

近年来，我国国防动员军民融合的内容日益拓展。在人民武装动员方面，调整优化了后备力量组织结构和布局，民兵组织由农村向城镇和主要交通沿线城市、由传统产业向高新技术等新兴产业、由国有企业向非公有制企业拓展。在国民经济动员方面，遵循重大经济建设项目贯彻国防要求的方针，发展军民两用技术，建设军民两用设施，开发军民两用产品，不断拓宽军民两用的领域和范围。同时，也加大了应急物资储备和动员中心建设的力度，采取实物周转及生产能力、生产技术、市场流通储备相结合的办法，对粮油、副食品、钢材、建材、纺织品、医疗器械等通用物资进行动态储备。在人民防空方面，加快推进以信息化为核心的人防指挥体系建设，加强城市人防工程建设和管理。在交通战备动员方面，完善了国防交通网络布局，推动交通基础设施建设和民用运载工具设计建造贯彻国防要求，加强演练演习。

　　随着国防动员内涵要求和形势任务的变化，深入推进动员领域军民兼容发展也面临一系列矛盾问题。一是管理体制不对接。国家国防动员机构及其有关办事机构，只有战时应战职能；国务院应急管理机构及政府相关职能部门的各类应急管理机构，只有急时应急职能。当前，国防动员体系与国家应急管理体系两大体系之间尚未建立协调联动的衔接机制，两者在组织领导、规划计划、物质技术、信息管理、物资储备、人才保障、法规制度等各个方面，不同程度存在着体系分割、力量分散、重复建设和资源浪费等问题，难以实现资源共建共享共用，影响了国家整体动员能力综合效能的发挥。二是资源和力量不共享。国防动员体系建设在规划计划、预案、物资储备、信息管理和专业保障队伍建设等各个方面，大多没有纳入国家突发事件应急力量体系；国家应急体系建设也没有纳入国家国防动员力量体系，从而导致国家国防动员力量建设在力量结构、力量规模、建设布局等方面难以兼顾国家应对突发事件的需要，国家突发事件应急力量建设同样难以兼顾国家应对战争的需要。三是法规制度不衔接。现行国防动员相关法律法规，未对国家国防动员力量参加应对突发事件作出必要的法律规范。包括《突发事件应对法》在内的各类突发事件应急法律法规，同样也没有对国家突发事件应急管理体系参与应对战争作出法律规定。同时，由于在平时服务、征用补偿、储备调用、人员抚恤、专业技术保障力量建设等方面，还没有建立起科学合理的补偿标准和行之有效的利益补偿机制，在一定程度上影响了各类非公有制经济参与国家国防动员建设和突发事件应急能力建设的积极性和主动性。这就导致实践中存在动员潜力大但能力不强，动员机构众但效率不高，动员需求多但对接不精，以及动员政策笼统执行困难等矛盾问题，难以适应现代战争和应急快速精准动员的需求。

　　推动国防动员军民融合，要立足平时服务、急时应急、战时应战的三重功能，兼顾经济建设、国防建设和社会发展三类安全需要，促进国防动员体系与国家公共危机管理体系的无缝链接和深度融合，加快构建军民一体化的国家应急应战体系和战略能力。

构建军民兼容的领导管理体系。按照精简、统一、高效的原则，整合各级国防动员机构与应急管理领导体系，建立集中统一、结构合理、反应快速、权威高效、服务应急应战功能完备的国防动员决策领导体制和工作运行机制，真正从国家层面上统筹制定国防动员的有关重大方针、政策、发展战略和法规，统筹规划国家动员力量建设与使用的有关重大事项，统一领导、组织、指挥、管理和监督国家"平时服务、急时应急、战时应战"动员活动，从而为国家动员提供有效的动员决策领导机制保障。

建立军民衔接的规划计划机制。坚持把国防动员规划计划和突发事件应急管理规划、计划，纳入国家经济社会发展总体规划、年度计划以及军队战备计划，从而在国家总体战略、军事战略和经济社会发展战略层面上搞好资源整合。完善国家国防动员规划计划和突发事件应急管理规划计划双向纳入机制，从而在国家动员工作层面上搞好资源整合。统筹制定国家国防动员和突发事件应急管理总体预案和专项预案。按照"一个口子进、一个口子出"的原则，建立科学规范的需求提报机制，明确军事需求的类别、层次及提出的途径、程序和汇总方式，规范供需对接职责、运行方式及安全保密措施等，最大限度地达成供需综合平衡。

完善军地衔接的政策法规体系。加紧完善国防动员和应对突发事件的有关法律法规，增加国防动员法律法规适用于应对突发事件，应对突发事件的法律法规适用于应对战争的有关法律规定和条款。有计划有步骤地组织修改现有国防动员和应对突发事件相关法律法规。修改完善《兵役法》《人民防空法》和《民用运力国防动员条例》等法律法规，增加适用于应对突发事件的有关法律规定和条款；修改完善《突发事件应对法》《防震减灾法》《防洪法》《破坏性地震应急条例》等法律法规时，增加适用于应对战争的有关法律规定和条款，从而促进国家国防动员法律法规体系和国家突发事件应急管理法律法规体系之间的相互衔接。完善相关政策。根据国家经济发展、财力增长和服务应急应战的实际需要，在项目立项、投融资、价格、税收、土地使用和对外贸易等各个方面，逐步加大国家对国防动员建设和突发事件应急管理能力建设的支持力度，鼓励非公有制经济参与国防动员建设和突发事件应急管理能力建设。

构建应急应战融合的专业力量体系。这些年，国家应急管理体系已形成了以公安、武警和军队为突击力量，以抗洪抢险、抗震救灾、森林消防、海上搜救、矿山救援、医疗救护等专业队伍为基本力量的应急救援力量体系。要按照整体规划、优势互补、归口管理原则，建立国家专业应急救援力量、军队和武警部队后备保障力量、地方各级动员中心和专业支援保障力量相配套的动员力量体系，加强地方、军队和民兵预备役应急力量的建用衔接，既充分发挥军队专业保障力量在平时服务和应急救援中的骨干作用，也强化地方应急救援力量和动员力量在战时对军事行动的支援保障功能。抓好国防动员系统引接地方应急管理部门和交通、气象、水利、海事等情报信息建设，完善军地应急情报会商机制。同时，组织军地相关部门联合修订完善维稳处突、防汛抗洪、防抗台风、抗震救灾、核化救援、森林灭火等方案，实现应急救援方案计划军地衔接。

完善军地动员联储共用机制。建立国家战略物资、军队战备物资、地方应急物资相互衔接的动员物资储备体系，打破政府各部门之间应急救援物资储备条块分割的局面，破除军地之间通用物资储备的制度壁垒，实现对动员物资储备的统一领导、分级管理，提高动员物资管理效益。

从战略物资储备的品种、数量、结构、布局、储备方式以及战略储备物资的收储、调配、轮换、补充和淘汰等各个方面，逐步建立和完善军地联储联供机制，完善国家储备与军队储备相结合、通用物资储备与专号物资储备相结合、服务应急应战相统一的物资储备体系，促进军地储备资源共储共享。

* 第四章 *
军民融合战略布局：新兴领域

习近平指出，我们要着力推进新兴领域军民融合发展，抢占经济、科技、军事竞争制高点，夺取未来战争主动权。海洋、太空、网络空间、生物、新能源等领域军民共同性强，要在筹划设计、组织实施、成果使用全过程贯彻军民融合理念和要求，抓紧解决好突出问题，加快形成多维一体、协同推进、跨越发展的新兴领域军民融合发展格局。①

---

① 《习近平主持召开中央军民融合发展委员会第一次全体会议强调　加强集中统一领导加快形成全要素多领域高效益的军民融合深度发展格局》，《人民日报》2017 年 6 月 21 日。

一、推进网信军民融合

当今时代，网络空间是大国博弈的无形战场。网信事业代表着新的生产力、新的发展方向，网信领域是我们建设创新型国家的重要发力点，也是我们有可能实现跨越、领跑的重要领域。推动网络安全和信息化军民融合深度发展（简称网信军民融合），就是要在更广范围、更高层次将军队网络安全和信息化建设融入国家网络安全和信息化建设之中，促进军民同步发展、良性互动、兼容互用，努力形成军民一体的网络安全和信息化发展体系和能力，为建设网络强国和建设信息化军队提供强大支撑。

推进网信军民融合是建设网络强国的必由之路。习近平在中央网络安全和信息化领导小组第一次会议上强调："网络安全和信息化是事关国家安全和国家发展、事关广大人民群众工作生活的重大战略问题，要从国际国内大势出发，总体布局。统筹各方，创新发展，努力把我国建设成为网络强国。"① 当今世界，信息技术革命日新月异，对国际经济、政

---

① 《习近平主持召开中央网络安全和信息化领导小组第一次会议》，2014 年 2 月 28 日，见 http://cpc.people.com.cn/n/2014/0227/c64094-24486402.html。

治、文化、社会、军事等领域产生了深刻影响。目前，在网络空间的世界权力版图上，大致呈现"三个世界，一超多强"的发展格局。处在第一世界的是网络霸权国家，美国依靠互联网域名管理及核心技术上的优势，成为网络空间唯一的超级霸权国家；处在第二世界的是网络独立国家，如德、英、法、日、韩等国，这些国家尽管受到网络霸权国家的影响，但已经具备网络国防意识，大都制定了国家网络安全战略和规划；处在第三世界的是网络空间租客国家，大部分国家受限于网络信息技术瓶颈，在网络空间受制于网络霸权国家。近年来，随着信息化的深入发展，我国已成为名副其实的网络大国。据国家统计局数据，2016 年，我国固定互联网宽带接入用户 2.97 亿户，居全球前列；互联网上网人数 7.31 亿，其中，手机上网人数达 6.95 亿。在世界互联网企业前 10 强中，我们占了 4 席。但与此同时，同世界先进水平相比，同建设网络强国战略目标相比，我们在互联网创新能力、基础设施建设、信息资源共享、产业实力、核心技术等方面还存在不小差距。实现从网络大国到网络强国的跃升，离不开军民良性互动和深度融合。从世界网络强国的发展历程看，这些国家大多注重以国家意志统合政府、军队、社会多方力量，推动军民一体化发展，以最大限度聚合国家资源，客观上收到了以举国之力建设网络强国的功效。我们要建设网络强国，也必须将军民融合作为一种基础性机制和重要驱动力量，充分整合军地资源，握指成拳，形成合力，切实把军用与民用网信建设发展融为有机整体，统一筹划、协调推进，充分发挥社会主义集中力量办大事的制度优势。

推进网信军民融合是加速建设信息化军队的必然要求。当今世界，信息化是世界新军事变革的本质和核心，也是信息时代军队现代化建设的根本方向和中心任务。信息时代的"军民一体"，不再是"藏兵于民、耕战合一"的初级状态，而是把国防和军队建设有机融入经济社会发展之中，分工协作、平战结合、体系融合。毛泽东曾经说过，战争的伟力之最深厚的根源存在于民众之中。这个真理同样适用于信息时代。信息化战争是基于网络、信息主导、跨域联合、军民协同的体系对抗，是以国家整体实力为基础的体系对抗和综合较量，其实质是国与国之间生产力发展方式和战斗力生成模式的综合竞争。一个国家的经济实力、技术水平、军民融合程度与战争胜负的关联性大大增强，谁的军民融合程度高，谁就能最大限度聚合全社会优质资源，获胜的希望就大。可以说，信息时代，能否有效整合全社会优质的科技、人才和信息资源，已成为决定信息化战争胜负的关键因素。因而，只有军民深度融合、一体发展，依托国家整体实力构建信息化战争体系，才能聚合信息时代人民战争的伟力，实现建设信息化军队、打赢信息化战争的战略目标。

信息技术具有广泛的辐射性、渗透性和极强的军民通用性，这也决定了网信军民融合是整个军民融合发展的主战场和战略制高点。我国军民融合发展处于由初步融合向深度融合过渡的关键阶段，加快推动网信军民融合实现率先突破，将之建成军民融合的先发之地和典范工程，对于有效带动军民融合向全领域、大纵深拓展具有十分重要的意义。近年来，在中央网络安全和信息化领导小组的坚强领导下，我国网信军民融合呈现出加速发展的良好态势，体制机制不断完善，政策环境逐步优化，产业力量不断壮大，军地在信息基础设施建设、技术攻关、人才培育等方面进行了诸多有益实践，取得了明显成效。但从总体上看，仍存在融合意识不强、战略统筹不力、运行机制不畅、政策法规滞后、核心技术受制于人等突出问题，亟待破解体制性障碍、结构性矛盾和政策性问题，在深度融合中实现提质增效。必须坚持问题导向，着力破解制约网信军民融合的突出问题，创新体制机制，强化顶层设计，加快建立与军民融合要求相适应的组织模式、制度安排和运作方式，实现基础设施、信息、技术、产品、人才的共享共用、优势互补和融合发展，努力形成军民一体的网络安全和信息化发展体系和能力。

网信军民融合是一个复杂的巨系统，可谓是点多、面宽、体系庞杂。如果说网络安全尚有边界的话，信息化则没有十分清晰的专业边界，其渗透在国民经济的方方面面，每个部门、每个行业都有各自领域的网络安全和信息化工作。推进网信军民融合，必须紧紧扭住一些关键点施策用力，以点带面，以重点突破带动体系融合，从网络安全防控、基础设施、信息资源、产业、技术、人才等方面构筑起军民融合的"四梁八柱"。

推进网信军民深度融合，要加强网络安全联防联控。在信息技术飞速发展和社会生活网络化的双重推动下，网络空间已成为国家安全的主战场和新边疆。针对当前国家网络安全面临的严峻形势，着眼改变"九龙治网"的现状，强化网络安全行动的统一组织指挥，统筹军地力量建设与运用，加强各种力量之间的行动协同。要加强国家网络安全监测预警和应急处置，形成应急响应预案体系，适时组织预案演练。联合组织军地网络安全演习演练，对金融、能源、交通、电力等重要基础设施进行模拟攻击检测和风险评估，查找问题漏洞。统筹网络可信和密码保障体系建设，合力打击网络恐怖主义和违法犯罪。

推进网信军民深度融合，要强化网络舆情军地联合管控。当前，网上媒体管理压力越来越大，网上舆论斗争尖锐复杂，境内外涉及政治类有害信息频发多发，造谣传谣等行为时有出现。敌对势力把互联网、手机等新兴媒体作为寻衅滋事和扩散升级社会矛盾的重要渠道。意识形态安全成为网络安全最重要的内容，网络安全已成为事关国家安全、政权安全和国家发展的重大战略问题。在这方面，目前军地统筹还不够，联系机制不够紧密，沟通不够直接。为此，军地要联合开展常态化舆论引导活动，加强网络舆论管控和重大突发事件舆情联合处置，加强互联网涉军信息管理，堵塞网络泄露军事秘密漏洞。

推进网信军民深度融合，要促进信息基础设施合建共用。当今世界各国，信息基础设施军民共建合用已成为主流趋势。20 世纪 80 年代末 90 年代初，美、英、法、德、日等国在建设国家"信息高速公路"的同时，就充分依托国家信息基础设施构建国防信息基础设施。美国于 21 世纪初开始建设军民兼容的第二代国防信息基础设施——全球信息栅格（GIG）也是由军队自建和租借地方的各类通信与计算机系统所组成。我国信息基础设施军民共建合用虽然取得了一定成绩，但还存在民用基础设施贯彻国防要求难落实，技术标准不兼容，互通共用难度大等问题。要加强信息基础设施建设军地统筹，搭建军民统一的国家信息基础设施平台，遵循军民各有侧重，相互促进的原则，在信息传输、计算存储和基础服务设施、信息获取和处理设施、电磁频谱管控、信息基础设施应用管理领域推进军民融合建设，促进军民信息基础设施更好地融为一体，提高整体建设效益。

推进网信军民深度融合，要加强军民共用信息系统建设。要将网信应用与服务作为推动网信军民融合的基本载体，将军警民联合指挥平台、北斗系统、物联网、后勤和装备保障等军民共用信息系统建设作为重点。加大北斗系统在交通、通信、金融、电力、公安等重点领域的推广应用力度。利用多种军民两用通信手段，为执行国际维和、海外救援等任务提供保障。在重要车站、码头、机场、口岸等交通枢纽和物资集散中心，构建军民兼容的物联网基础设施。因需构建军民协同互通的后勤、装备保障信息系统。

推进网信军民深度融合，要深化信息资源共享利用。世界主要发达国家普遍将信息资源共享利用视为信息化的核心内容。美国已于 2007 年颁布了《信息共享国家战略》，着力强化军地信息共享意识，规范信息共享过程。例如，在地理空间信息共享方面，美国国家地理空间主管机构——国防部国家测绘局，将国家、军队和商用的各类地理空间数据形成一个交汇的多源情报有机整体，统一向军地各方提供信息服务，实现了地理空间信息军地高度共享。目前，我国信息资源军地条块分割，自成体系，在信息获取、传输、交换、服务等多方面重复建设、效率低下；军民信息格式不统一，缺乏信息共享公共平台和共享接口；保密与互通共享的矛盾尚未完全解决好。针对当前数据资源缺、共享利用难、运用水平低等问题，要着力加强军地信息资源共享，规范军事信息资源向社会提供服务，增强军队利用民间数据资源能力。

推进网信军民深度融合，要推动信息技术协同创新。国家综合实力的核心是技术创新，而军民协同创新是实现信息技术创新突破的重要途径。当前，我国科技管理缺乏顶层统筹，军民形成各自独立的创新体制，军民分割、自我封闭问题普遍存在；军事需求的牵引作用发挥不够明显，关键技术受制于人、自主创新能力弱等问题较突出；军民技术转化不够顺畅，各类创新实体之间存在组织壁垒、信息壁垒、市场壁垒的重重障碍，严重制约了创新合力的形成。针对这些问题，要着眼构建军民融合网信创新体系，推动军民技术双向转化，发挥军事需求对技术创新的牵引作用，聚力突破关键信息技术，促进科研基础平台军民共享。

推进网信军民深度融合，要发展军民一体信息产业。信息产业是网络安全和信息化的支撑性产业。近年来，信息产业军民融合发展步伐加快，"民参军""军转民"成效不断显现，总体上呈现出兼容并蓄、多元经营、市场融合的发展格局。但受思想认识、管理体制、政策标准的制约，信息产业军民融合深度发展仍存在一系列突出问题。军工垄断严重，"民参军"矛盾问题依然突出，竞争性采购比例还比较低。要加快推动军工电子产业开放式发展，加快军工电子企业改革重组，鼓励符合条件的企业引入社会资本及上市，探索发展混合所有制企业，引导军工电子企事业单位扩大协作配套范围。要大力支持和引导"民参军"，有序扩大军品市场开放，推进竞争性采购，改革完善市场准入与退出机制，编制具有自主知识产权的"民参军"信息技术产品目录，畅通军地供需信息发布渠道，组织先进民用信息技术供需对接，共同培育自主化网信产业生态链。

推进网信军民深度融合，还要加强网信人力资源融合开发。长期以来，我国采取了一系列举措加强网络安全和信息化人才培养，网信人力资源的素质不断提升、结构不断完善、总量不断增加，但领军、特殊人才数量规模还比较小、共育模式还不健全、共育质量难以掌控，特别是急需人才军地双向交流困难等问题还较为突出。要创新网信专业人才共育模式，加强网信领导管理人才、网信专业人才和高端特殊人才的共育共用，特别是要灵活运用各种激励手段，发掘运用顶尖专业人才，开辟高端人才引进绿色通道，精心打造高端和特殊人才队伍。

二、推进海洋领域的军民融合

海洋是生命的摇篮、资源的宝库、强盛的依靠，也是彰显国家实力、维护国家安全的战略高地。21世纪是海洋世纪，向海洋要资源、要空间、要生存，已成为世界各国的共同选择。当前，我国国家安全与发展对海洋的依赖越来越大，来自海洋方向的威胁与挑战也越来越大，海洋已成为国家生存与发展必争必保的战略空间。推动海洋领域的军民融合，就是要统筹海洋开发和海上维权，统筹海洋经济发展、海洋综合管理与维护海洋权益和海上军事安全，统筹配置军用和民用的力量和资源，通过整体筹划、科学运作，推进军民结合的海上行动能力和保障设施建设，形成军民一体的海上力量组合和保障体系。

推进海洋领域的军民融合是建设海洋强国的必由之路。习近平指出，建设海洋强国是中国特色社会主义事业的重要组成部分。走向海洋是世界大国崛起的必然选择和发展途径。纵观世界上许多发达国家和地区，都是因海而兴、因海而强、因海而昌盛。世界上 10 个最发达国家中有 8 个在沿海，世界五大产业带全都濒海而建。中华民族是最早利用海洋的民族之一，但遗憾的是，历史上我们只是从"兴渔盐之利、仗舟楫之便"的视角看待海洋，重陆轻海，致使中华民族两次错失海洋意识觉醒、海洋大发展的历史机遇。第一次是 15 世纪大航海时代，多个欧洲国家通过拓展海洋空间、利用海洋资源先后崛起为世界强国，而同期随着郑和第七次下西洋的结束，明朝的封建统治者实施大规模海禁锁国政策，致使我国与海洋强国失之交臂。第二次是 18 世纪第一次工业革命时代，西方国家纷纷通过发展海上力量、控制海洋运输和贸易通道，走上了现代化发展道路。而同期我国却沦落为有海无疆、有海无防、有海无军、有海无权的落后状态，桎梏于近百年遭受西方列强海上入侵和蹂躏的屈辱历史。历史经验告诉我们，向海则兴、背海则衰。新中国成立后，在中国共产党的领导下，我们积极主动迎接新的海洋思潮觉醒，特别是改革开放 30 多年来，我国抓住了经济全球化的历史机遇，大力发展海洋经济，积极吸纳现代海洋文明。当前，海洋已成为我国连接世界的"蓝色桥梁"和"重要门户"，我国经济形态和开放格局呈现出前所未有的"依海"特征。我国经济已发展成为高度依赖海洋的开放型经济，对海洋资源、海洋空间、海上通道的依赖程度持续加深。目前，我国经济的对外依存度已高达 60%，对外贸易运输量的90%是通过海上运输完成的，世界航运市场19%的大宗货物运往我国，22%的出口集装箱来自中国。为此，党的十八大报告提出了建设海洋强国的战略部署，以习近平同志为核心的党中央提出了建设"21世纪海上丝绸之路"的宏伟蓝图，我国的海洋事业迎来了前所未有的发展机遇。建设海洋强国，是中华民族永续发展、走向世界强国的必由之路。海洋强国是指在开发海洋、利用海洋、保护海洋、管控海洋方面拥有强大综合实力的国家。必须抓住历史机遇，加快推进海洋领域军民融合发展，坚持国家统一部署、一体筹划、统筹推进，聚合军地资源，举全国之力，把开发海洋资源与维护海洋权益统一起来，大幅提升我国海洋资源开发能力、海洋综合管控能力和海军远洋作战能力，从而支撑海洋强国建设。

推进海洋领域的军民融合是维护国家海洋权益的现实需要。当前，我国与周边国家因岛礁归属、海域划界和海洋资源开发等问题而引发的海洋权益争端，面临着涉及对象多元、背景复杂、情况多变、短期内很难解决的困境。近年来，我们通过采取划设东海方向防空识别区、宣布钓鱼岛领海基线以及扩建南海岛礁等系列举措，使得我国在海洋维权斗争中取得重大阶段性成果，逐步探索军警民联合海上维权模式，有效维护了国家海洋权益。实践证明，推进海洋领域军民融合是破解当前海洋维权困境的有效途径。未来持续巩固和深化这些成果，必须坚持走军民融合的海洋维权之路。针对争议海域内维权斗争的复杂性、尖锐性和长期性，加大军警民在相关海域的常态化联合巡逻、海洋调查、渔业开发和侦察测量活动，进一步强化对相关岛礁和周边海域的维权管控，巩固和保持我在相关海域的维权优势。

推进海洋领域的军民融合是深化海上军事斗争的客观需要。海上军事斗争具有平战结合、军民兼容的鲜明特征。海洋安全问题涉及范围广泛，威胁程度大，仅靠海上军事力量很难担此重任。海上军事斗争既需要多军兵种的联合行动，又需要国家和民间力量的支持配合。海上军事行动，离不开海上非军事力量的配合；海上军事力量保障，离不开民用力量的帮助；海上军事力量建设，离不开国家综合实力的支撑。逐步探索军警民联合海上维权模式，有效维护了国家海洋权益。美国军方认为："一个海洋国家，如果没有相适应的商民船便不能从事战争，商民船的建造计划必须与海军战时需要相适应。"在海湾战争和伊拉克战争中，美军90％的作战物资供应保障都来自民间海上力量，这些民间力量甚至直接参与了作战行动。英国海军对商船的设备情况，可以承担什么任务，需要进行哪些改装，需要预备什么材料，在什么地点改装都一一备案，从而保证了战时需要，提高了快速反应能力。例如，英国豪华客轮"堪培拉"号在设计时因考虑了战时使用问题，英阿马岛海战爆发时，对其改装只用了 48 小时，安装了 3 个直升机平台。俄罗斯把海上商船队作为"第二海军"进行重点建设，其商船建造过程中，由俄罗斯造船署和海军代表共同负责监督，并对其军民融合性进行把关。随着科学技术的不断发展，海军武器装备的技术含量不断提升，专业分工越来越细，保障要求越来越复杂，对海上力量军民融合建设的要求将愈发紧迫。当前，我国海上军事能力与国家安全需求的差距较大，要有效维护海洋安全和发展利益，必须适应海上力量建设运用军民一体的客观趋势，加快推进海上力量构成、综合保障、装备建设、力量运用等方面的军民融合，构建军民一体、寓军于民的海上军事力量体系。

近年来，我们在海洋领域的军民融合上进行积极探索实践，在海上基础设施建设、岛礁建设、海上民兵建设以及海上维权行动中取得了重要进展，有效捍卫了国家主权和领土完整、维护和发展了国家海洋权益。但与此同时，仍存在基础设施薄弱、力量发展不足、行动协调不畅、科技创新能力不强等矛盾问题。推动海洋领域的军民融合，必须紧紧围绕建设海洋强国的战略目标，统筹维权与维稳、军用与民用、战时与平时、当前与长远的需求，重点推动基础设施融合、力量发展融合、行动协同融合和科技创新融合，健全军警民一体的海上维权力量体系，形成党政军警民合力固边戍疆新局面。

加强军民共建海上基础设施。在海洋领域基础设施建设中，应充分考虑国防要求，预留军事"接口"，切实找准基础设施建设的"结合点"，加强统筹规划，推动信息、测绘、重点海域及岛礁等基础设施的军民共建共享。将海上战场建设融入国家经济社会发展体系中，加强对沿海经济发展、基础设施建设、岛屿开发与海上战场建设的统筹规划，推进海上战场布局和国防设施建设与国家生产力总体布局、基础设施建设体系的有机融合。加快构建全天候、全天时、多手段、立体化、高精度的海洋战场态势感知网，实现对周边热点海域和重要航道的高时效、高精度感知。建立军民兼容的通信网络体系。按照"军地共建、信息共享、分工协作"原则，依托现有通信传输渠道和信息资源，构建以国家现有信息系统为基础、横跨军民、与军队指挥网相兼容的网络信息基础设施，实现纵向贯通、横向互联、军地互通、平战两用。建立海上目标联合监视与管理体系。依托现有的海上目标联合情报体系，通过综合集成，整合军队、海警和交通等部门海上监管力量和信息资源，构建军民兼容、远近结合、海空一体的海上目标联合监视与管理体系，实现情报信息实时传输、同步共享，为海上维权维稳、海洋资源保护、海上交通安全维护等提供常态化情报保障。建立国家联合海洋环境调查与监测体系。整合军地水下探测先进技术和资源，加强信息获取、传输、处理和保障等系统建设，构建多层次综合立体水下作战信息体系，为海上兵力行动、海上航运和海洋资源开发提供航保服务。

健全军警民一体的海上维权力量体系。海上维权力量大致分为三类，一是海上作战力量，即海军；二是海上执法力量或准军事力量，即海警；三是民用船队，如商船队和渔船队等。当前，随着我国海洋资源开发利用日益扩大和周边海洋权益纷争频发，海军、海警和海上民兵所肩负的使命任务更加繁重。要着眼海上作战和维权执法任务需要，统筹海军、海警和海上民兵队伍建设，提高海上维权整体联动能力。就海上军事力量建设而言，海军的重要性和地位自不待言。近年来，中国海军现代化成就显著，走向深蓝全面提速，就总体规模而言，中国海军已是仅次于美国海军的世界第二大海上力量，职能也从"近海防御"转变为"近海防御、远海护卫"，并积极走向远洋。就海上执法力量而言，海警在主权宣示、护渔、海上执法和解决海上争端问题等方面比海军更有优势，也更具灵活性。2013 年 7 月 22 日，中国海警局正式挂牌，标志着"九龙治海"局面基本结束，海上执法力量的规模迅速扩大，要加强海警力量专业化、军事化、国际化建设，军地合作发展大中型海上维权执法新装备，可将部分适航性良好的退役舰艇转隶给海警，海军一些优秀的退役官兵可直招入海警，既可缓解海警人员和装备紧张的状况，又可减少海警在教育和训练上的投入。海上民兵作为一支特殊的维权力量，已在维护海洋权益斗争中发挥了重要作用。我国面临的海洋维权斗争是一场持久战，而每次具体的海洋维权行动又具有发起突然、升温迅速的特点，这就需要海上民兵队伍既要有一支拳头力量可以随时动用，又要有大批渔船作为补充力量长期待命以作备用。

建立军民一体的海上综合保障体系。综观世界海洋强国的兴衰，没有强大的海上民事力量作为支撑，建设一支强大海军的梦想注定很难实现。事实上，在海上综合保障方面，如航道测量、码头、平台建设等，大多都是军民通用的，海上民事力量的蓬勃发展是海军发展的重要物质基础。英美海上崛起之所以较德俄成功，一个很重要的原因就在于英美等国庞大的海外贸易和商船能够为其海军建设提供源源不断的后备力量。目前，我国拥有远洋运输船舶 2000 多艘，海员船员 65 万人，船队运力居世界第四位。仅就中国远洋海洋集团一家而言，截至 2016 年 12 月 31 日，该集团经营船队综合运力 8168 万载重吨 /1082 艘，排名世界第一。其中，干散货自有船队运力 3821 万载重吨 /450 艘，油气船队运力 1873 万载重吨 /137 艘，杂货特种船队 460 万载重吨 /174 艘，均居世界第一。该集团在全球运营集装箱码头超过 48 个，泊位超过 209 个。[①] 这些都是我海军走向远洋可依托的重要资源。要着力统筹运用民用海运资源，加快构建以现役力量为主体、以预备役力量为辅助、以社会保障为补充的"三位一体"的海上军民融合综合保障力量体系。要结合遂行海上任务需要，大力推进民用运载工具贯彻国防要求，对集装箱船、杂货船、油船、水船、滚装船、客船等不同船型，区分融合功能，贴近实战要求，开展民船加改装前期储备，并适时开展民船征用加改装项目，最大限度实现军民两用的复合功能，切实提高海上综合保障能力。依托前沿岛礁，大力发展海上航运、中转等业务，推进航运枢纽、物流中心和出口加工基地建设。重点在利益攸关的海域或沿海友好国家的港口，通过商业招标、政企合作、租用开发和自筹自建等方式，建设集保障兵力驻屯、贸易集散、装备维修、综合补给于一体的海外保障体系，为远海护航、力量预置和商贸发展等活动提供安全支撑。

加强海洋科技军民协同创新。近年来，我国在海洋科技领域取得了诸多重大进展，海洋探测、水下运载技术等研究成果在国际上产生了较大影响，但与海洋科技强国相比，我国海洋科技总体发展水平还不高，

———————————

① 刘瑾：《中远海运："深改""快改"奔向世界一流》，《经济日报》2017 年 6 月 30 日。

海洋科技成果转化率偏低、对新兴海洋产业支撑不足，关键领域核心技术受制于人的局面没有改变，特别是海洋科技创新能力还难以适应建设海洋强国和强大海军的战略需求。为此，要在海洋科技创新中兼顾军用和民用，整合军地科技资源，完善军民协同创新机制，促进军民科技互融互补和转化应用。整合运用军地科研力量和资源，发挥海洋和海军相关高等学校、科研院所的优势，引导军地科研人员加强基础技术研究，联合攻关核心技术。推动军地双向开放交流，建立军地需求信息沟通交流机制，共享军地重点实验室、重大实验设施、重要科技基础设施以及其他海洋科技协同创新平台。构建海洋科技军民协同模式，构建创新成果源头供给网络，打造海洋产业集聚创新平台，强化以企业为主体的技术创新体系建设，全面提升科技兴海服务能力。加强国际合作交流，推进开放共享发展，加速海洋高新技术引进与融合，推动优势海洋产业"走出去"，加强联合研发平台建设和国际标准制定。创新体制机制，优化军地海洋科技资源配置，发挥社会主义市场经济集中力量办大事的体制优势，通过海洋重大工程、重点专项和系列专项的带动，加强海洋调查观测，提高海洋认知能力，加快技术创新和成果转化，促进军民科技兼容同步发展，促进海洋科技与海洋经济的紧密融合，开创海洋强国建设新局面。

三、推进太空领域的军民融合

2017 年 6 月 22 日，习近平在视察驻晋部队某基地时强调，要着力深化军民融合发展，抓住党中央推进军民融合发展的战略契机，加快探索实践脚步，在技术、产业、设施、人才等方面走深度融合路子，努力使太空领域的军民融合发展走在全国全军前列。① 太空是国家安全和军事斗争的战略制高点，无疑也是军民融合向新兴领域拓展布局的重点领域。

太空领域的军民融合是军民融合发展新的战略制高点。今天，人类社会的政治、经济、科技、军事等各个领域都离不开太空的支持。太空中的各种卫星为我们提供测绘、通信、导航、气象等各种信息与服务，维持社会体系的正常运转。可以说，没有太空的支撑，人类生活就无法正常进行。随着人类对太空依赖性的不断增强，太空安全已成为国家安全的重要组成部分，而且也是实现国家安全的先决条件。早在1958年，后来任美国总统的林登·约翰逊就预言，"比起任何终极武器，还有更重要的东西，那就是终极位置——位于外太空某处、能够完全控制地球的战略位置，谁能取得这一终极位置，谁就能控制——完全控制地球"。② 信息化战争中，太空已成为控制新兴领域与传统领域的制高点。"就像鹰是飞行动物食物链的最高端，太空已成为'战争食物链'的最高端。不仅如此，对水面、水下、极地等公共空间和新型领域的控制也依赖太空支持。"③ 没有太空安全，就没有国家安全。当今世界，世界军事强国都非常重视对太空的进入与控制，围绕太空主导权的争夺日趋激烈。近几场高技术局部战争使各国意识到，太空是陆、海、空、天一体化联合作战的重要组成部分，具有其他手段不可替代的独特作用。美国学者认为，美国拥有全世界最精确的"智能"武器，然而，智能武器需要在一定程度上依赖卫星情报。如果卫星网络遭到破坏，美军将寸步难行。美国在

① 《习近平在视察驻晋部队某基地时强调　全面提高遂行发射和试验任务能力为建设航天强国再立新功》，《人民日报》2017年6月25日。
② 李智、张占月编译：《美军空间作战条令》，国防工业出版社2011年版，第108页。
③ 张仕波：《战争新高地》，国防大学出版社2017年版，第20页。

多个版本的《国家太空政策》《国防部太空政策》中都宣称："拥有进入和利用太空的能力是国家的重要利益所在，太空对维护美国的国家安全和经济利益至关重要。"近年来，美军特别注重太空力量军民一体化建设和运用，通过持续扩大与民事部门和商业机构的合作、增加对商业航天系统和能力的采购利用，以充分利用民用航天的资源和创新能力，提高军事航天的能力和水平。面对太空领域激烈的国际竞争，我们必须以前瞻的视野、全新的思维，统筹布局太空领域军民力量的建设和发展运用，统筹军民两大体系的航天资源，做到一体规划布局、一体运用调配，在太空领域加快形成军民一体化的国家战略能力。

推进太空领域的军民融合是建设航天强国的必由之路。太空探索是一项高投入、高风险、长周期的浩瀚工程，为了可持续性地推进太空能力发展，世界上的航天强国在进军太空的道路上经历了一个曲折的探索过程。对此，美国科技史学家迈克尔·怀特在《战争的果实：军事冲突如何加速科技创新》一书中有详细记载。美国在执行航天计划的早期阶段，几乎每次发射都会搭载军方的有效载荷进入轨道，从而使投入美国国家航空航天局的大量资源，极大促进了民用太空探索项目，而且通过向军方提供侦测和通信手段也促进了军用航天发展。苏联在太空探索的早期阶段，军事太空和民用太空的关系也非常紧密。然而，随着时间的推移，这种系统渐渐运转失灵了。在发展中，苏联所有研究都是由军事需求主导的，军事头目的要求必须首先得到满足。另外，苏联的研究过分强调保密，这对于研究是一种苛刻的限制。① 与此形成鲜明对比的是，美国的太空计划真正起飞之后，美国国家航空航天局从各科技学科和工业领域广泛吸收了一些顶尖人才。凡涉及武器开发的项目，美国军方的

---

① ［美］迈克尔·怀特：《战争的果实：军事冲突如何加速科技创新》，卢欣渝译，生活·读书·新知三联书店 2016 年版，第 196 页。

保密工作处处都超过苏联人，不过他们对待民间太空项目的态度却开放得多。①在这场世纪太空军备竞赛中，苏联最终因为国力耗费巨大而轰然倒塌。美国之所以在太空竞赛中获胜，如今仍然在太空探索领域居领先地位，注重太空探索的军民一体化是其根本原因。随着冷战的结束，世界航天进入了向商业化转型发展的时期。当前，人类进军太空进入了继20世纪载人登月之后的第二个新高潮，民用航天与军事航天一起成为航天的重要组成部分，世界航天进入以全面商业化和军民融合为重要特征的航天新时代。

中国航天事业自1956年创建以来，已走过60多年的光辉历程，创造了"两弹一星"、载人航天、月球探测等辉煌成就，走出了一条自力更生、自主创新的发展道路，进一步增强了我国经济、国防、科技实力和民族凝聚力。我国已建立了配套的航天基础设施，包括运载火箭、航天器、发射场、返回场、测控网等；建立了应用卫星体系，包括遥感卫星、通信卫星、导航卫星等，我国已研制和发射了"风云""北斗""海洋""资源""高分""天绘"等卫星系列。特别是北斗导航系统是我国自主建设、独立运行，可在全球范围内全天候全天时为各类用户提供高精度、高可靠的定位、测速、授时服务，并兼具短报文通信能力。

面对建设航天强国的战略要求，面对世界航天加速发展的态势，我国太空领域军民融合发展仍面临着一系列制约因素。一是体制上的多头管理。长期以来，在航天发展思路上多少受到苏联航天发展思路的影响，在创新机制、灵活反应和降低成本等方面存有不足。航天领域的管理仍存在"铁路警察，各管一段"的问题。以北斗导航为例，发射服务、装备制造研制及采购管理集中在军队，而地面设备的管理较多集中在国家

---

① ［美］迈克尔·怀特：《战争的果实：军事冲突如何加速科技创新》，卢欣渝译，生活·读书·新知三联书店2016年版，第196—197页。

发展改革委，运营服务的管理则属于国防科工局，分散的管理权限人为地将北斗导航产业链各环节分割，一定程度上影响了产业资源的配置效率。二是军民资源共享不足。重要的创新资源和人才大多集中在军用领域，资源交流共享机制不顺畅，导致资源数据共享严重不足。如在卫星遥感领域，不同行业卫星系统及其地面应用系统之间缺乏统筹和共享，相互之间的联通、融合性较差，信息分散在各个行业部门，未建立起统一、规范的国家卫星遥感元数据库及共享分发机制，大量信息难以充分利用。三是产业链开放度不够。内部配套仍是航天工业体系的主要模式，民营企业和社会资本参与的深度和广度十分有限。在航天领域的多个环节，进入门槛高、管制多，资格和许可审批程序繁杂，市场准入壁垒过高，民营企业进入晚、数量少，且以中小企业为主。与国外同行相比，这些民营企业产品和服务创新能力都偏弱。四是法规制度缺失。一些拥有自主知识产权、能够军民两用的航天技术受已有政策束缚，难以实现产业化发展。

今天，我们建设航天强国，必须充分汲取历史上太空探索所积累的经验教训，着眼破解矛盾问题，坚持走军民融合发展、政府与市场双轮驱动、民用与军用良性互动的可持续发展道路。总体上应着力在技术、产业、设施、人才等方面协同发力，以体制改革为动力，以机制创新为抓手，加强顶层设计，推动军民航天在战略规划、系统建设、运行管理、资源共享、法规政策、标准规范、国际合作等方面的深度融合，鼓励支持和有序引导社会优势资源、优势力量参与航天发展，既做大做强做优航天战略性新兴产业、为经济转型升级提供强大动力，又为军事航天的可持续发展厚植根基、提供源源不断的发展后劲，形成航天领域军民协调、资源共享、双向交流的新局面。

加强国家最高层面的统筹协调。加强宏观管理和统筹协调，健全国家层面太空领域军民融合的统筹管理和协调职能，明确政府、军队和企业各自职责，构建跨部门、多领域、高层次的综合协调机制，解决军民两大系统间政策协调、部门协同的问题，加强部门间沟通协调，实现信息共享、资源集约、相互配合，形成整体合力。制定太空领域军民融合发展规划，对军地各类投入资源进行统一部署，统一调配，统一管理，促进空间基础设施的科学布局、资源共享和高效利用。加强国家层面立法，依据法律制定国家航天政策，加快国家数据政策制定，推进空间数据信息军民共享，保障空间数据的安全、高效应用和加速产业化。数据政策是加强数据资源开放、促进卫星产业军民融合创新和业务协同的核心。无论是数据生产及分级、数据开放及发布，还是标准产品与增值服务的供给及监督，都急需明确的政策规范。

统筹太空基础设施建设和资源共享使用。完整配套的太空基础设施体系①，是太空力量建设发展的重要依托。由于太空基础设施建设投入资金多，建设周期长，技术风险高，军事强国都强调太空基础设施建设要经济实用，否则容易对经济发展形成拖累。卫星系统建设投入大、周期长、科技水平高，由军队单独建设必将面临资金不足、资源浪费等诸多问题，由地方单独建设又不能满足军事需求，因此迫切需要区别军队不同安全等级的卫星需求，在全面普查、整合挖潜、统一规划、密切协作的基础上，统筹各类天基信息系统的军民需求，在通信、导航、资源普查、海洋监测和气象、科学试验卫星等非核心资源和应用领域探索军民共建共享的路子，通过军民融合建设天基信息系统，实现军事效益和经

---

① 太空基础设施主要包括：太空发射与回收系统，太空信息支援与应用系统，太空态势感知系统，太空测控系统和太空控制系统等。每一个系统又是由多个分系统构成，这些系统相互配合、相互支撑，共同形成太空进入、太空利用、太空控制和太空保障能力。

济效益的最大化。通过强化政府采购服务和数据共享、技术交流等方式，推动民用空间基础设施向军用开放共享。积极落实推进共享的配套政策，完善建立统筹共享的国家卫星遥感数据中心，实现跨部门、跨层级、跨领域的数据传输、开放并可控的数据共享。

推进航天科技的军民双向转移转化。我国"神舟"载人航天工程、北斗卫星导航系统等不但增强了我军打赢信息化战争的能力，而且还提升了产业竞争能力，加快了经济转型升级。据统计，在我国"神舟"载人航天工程中，直接承担研制建设任务的企事业单位有100多家，承担协作配套任务的单位有3000多家，涉及航天航空、船舶、兵器、电子等多个产业，参与人员共计10余万人。通过设立军转民、民参军技术孵化基金等形式，加强对航天技术转移转化的投入，鼓励军民技术双向转化，推进产学研用结合、产业链结合，以培育和发展技术集成度高、应用范围广、社会影响大的共性关键技术项目为重要平台，以重大产品创新为突破口，是创新链与产业链加快融合。推动国家重要科研设备设施、基础资源的共享使用，通过租用、合作研究等方式实现军用和民用设备单位间的流通。鼓励以区域性军民融合产业基地为载体，推动航天产业融入区域经济发展，发挥航天领域产业集群对区域经济的带动作用。

积极引导民营企业进入商业航天领域。当前，新一轮太空竞赛已经启动，但相互竞争的不是超级大国，而是一些痴迷于太空技术的大财团。这些科技新贵纷纷涉足航天领域，致力于太空的商业化开发。比如，美国特斯拉总裁埃隆·马斯克和亚马逊创始人杰夫·贝索斯等。高盛集团预计，20年后太空探索将成为规模达万亿美元的大市场。除了美国硅谷的高科技企业外，中国、德国的一批公司也加入了这场太空竞赛，既有空客防务与航天公司这样的大企业为美国国家航空航天局生产宇宙飞船的发动机，也有一些私人中小企业为欧洲航天局和美国国家航空航天局生产火箭零配件，编写飞船控制软件，制造科研卫星。目前，在航天运输系统、卫星及其应用、空间站、太空旅游、深空探测和太空资源开发等航天的各个领域，都出现了一大批创新创业公司，航天成为继互联网之后最活跃和最有希望的创业领域。航天领域是一个技术含量非常高的领域，如果能让民营资本进入，一定会有很多创新出现。2014 年，国务院发布《关于创新重点领域投融资机制鼓励社会投资的指导意见》，明确鼓励民间资本参与国家民用空间基础设施建设。要逐步降低行业准入门槛，鼓励创业创新，鼓励引导民间资本和社会力量有序参与航天科研生产、空间基础设施建设、空间信息产品服务、卫星运营等航天活动，大力发展商业航天，加快培育中国的"马斯克"。要发挥混合所有制改革的潜力，鼓励支持民营企业与国有航天企业开展合作，健全激励机制，引导大型军工企业集团与中小型民营企业之间共建合作创新网络，推动航天事业向民营企业的技术和人才开放，实现从国家主导向国家引导扶持转变、从国家出资运营向市场化运作转型，全面激发太空经济和太空产业的发展活力，实现航天强国建设的长期可持续发展。

四、推动经济和军事"走出去"的融合

《意见》指出："维护国家海外利益。切实维护国家海外经济利益和其他重大利益，保护海外中国公民和机构的合法权益。积极参与联合国维和行动，深化国际军事交流合作。"[1] 这对统筹经济和军事"走出去"，切实维护国家海外利益安全提出了明确要求。

---

[1]　《中共中央国务院中央军委印发〈关于经济建设和国防建设融合发展的意见〉》，《人民日报》2016 年 7 月 22 日。

同任何一个成长中的大国一样，中国在快速发展过程中，国家利益也在不断向海外延伸。据统计，截至 2015 年底，已有 3 万家中国企业分布在全球近 200 个国家和地区，境外企业资产总额超过 3 万亿美元，内地公民年出境超过 1.2 亿人次，在海外的各类劳务人员超过 100 万，海外留学人员达到近 200 万。2013—2016 年，我国累计非金融类对外直接投资 4915 亿美元。截至 2016 年末，我国企业在"一带一路"沿线国家建立境外经贸合作区 56 个，累计投资超过 185 亿美元。[①] 今天，中国在"走出去"过程中面临着一系列"两难"局面：中国并没有全球野心，但是我们的海外利益已经全球化了，容易激起外国的疑虑；中国希望成为一个负责任的大国，但是无论是保护自身海外利益，还是承担国际责任的能力都远远不足；等等。历史和现实都表明，大国利益的全球化，必然要求安全保障的全球化。维护不断增长的海外利益，中国不会走传统大国的扩张老路，也不会搞强权政治。我们要探索一条符合时代潮流、能为各方接受，同时具有中国特色的海外利益保障之路。2015 年《中国的军事战略》国防白皮书已明确把"维护海外利益安全"列为军队担负的战略任务，强调要"加强海外利益攸关区国际安全合作，维护海外利益安全"[②]。这就要统筹好国际国内两个大局，以全球视野统筹好经济"走出去"和军事"走出去"，坚持发展和安全双管齐下，确保"出得去""回得来"，经济"走出去"与安全有保障双管齐下，以经济建设带动牵引军事"走出去"，为我们快速增长的海外利益提供强有力保障。面对当前的主要问题，我们需要深入探索各种有效融合形式。

---

① 国家统计局党组：《贯彻落实新理念奋力创造新辉煌》，《求是》2017 年第 12 期。

② 中华人民共和国国务院新闻办公室：《中国的军事战略》，人民出版社 2015 年版，第 11 页。

　　加强海外支持保障体系建设的军民融合。海外支撑保障体系兼有民用和军用双重属性，是经济和军事"走出去"的重要支撑，是统筹经济和军事"走出去"的重点内容。2008 年以来，中国海军参加亚丁湾护航行动，由于缺乏海外综合保障基地的有力支撑，海军的补给、维修面临一系列困难，成为制约我海外安全保障能力提升的重要瓶颈。为此，要加快建立与我国海外利益拓展空间相匹配、与经济"走出去"步伐相一致、与所在国利益相契合的海外综合保障体系，为"走出去"提供有力支撑。以"借力于民、民为军用"的方式推进海外支持保障体系建设，是世界海洋军事强国的共同做法。我们应抓住实施海外护航、反恐合作、保护境外资产等重要契机，积极探索与沿线友好国家的合作，通过租借、共建和商业化合作等多种形式，有计划、有步骤地推进海外支持保障体系建设，逐步实现在海外利益攸关区重要战略节点落地生根。加快构建海外军事行动补给链，在基础设施互联互通建设中预置人员休整、燃油补给等基本功能，推进海外补给点与保障基地建设。在此基础上，逐步强化人员驻防、装备维修、技术支持、后勤供应等多种升级功能，进一步将综合补给点打造成为若干综合保障点。此外，我国远洋企业通过商业合作形式在海外租赁和经营的部分商业港口，初步具备了实施海外军事补给保障的便利条件。应在充分评估未来需求的基础上，采取经济补偿、商业化租赁等形式为我海军远洋护航行动的驻泊和补给提供保障，作为海外基地化保障的必要补充。同时，随着我国大力发展远洋渔业，目前已在海上成立了 100 多家驻外代表和合资企业，建立了 30 多个海外基地。其他海洋产业，如海洋油气业、远洋航运业和海洋装备制造业均有海外网点和布局，可采取"军民结合、寓军于民"的方式，将商业网点建设与海外支持保障基地建设统筹起来。要创新海外军民融合模式和运行机制，坚持需求牵引、外交搭台、企业唱戏的原则，以不同任务需求为牵引,由军队有关部门牵头,在外交部门的支持下,依托我国境外中资企业牵线搭桥,筹措资源。坚持部门会商、信息共享、行动协同的原则,积极加强与外交、商务、民航、交通、海关以及驻外机构的沟通协作,健全相应的联席会议制度、信息共享机制、预案保证措施等。

深入推进军贸军援与军工产能国际合作。军援军贸和军工产能国际合作,是推进经济和军事"走出去"融合发展的战略抓手。军援军贸合作有助于形成深度的利益交融关系,在武器装备提供、人员培训、维修保障等方面的依存关系,有助于国家间形成深度依存的利益和命运共同体。同时,以军贸军援为核心的合作,也能够牵引带动中国产品、装备、技术、标准、服务等全方位"走出去"。近年来,随着"一带一路"的实施,有力促进了我国与沿线国家的军事科技交流合作,海外军民融合取得了令人瞩目的成绩。比如,中国北方集团公司以军贸业务为引领,有效开拓了海外石油开发、矿产资源开发、海外工程承包等业务,发挥了军贸在推进"一带一路"建设中的重要作用。在核领域,核电技术已与高铁一样,成为我国的"名片"。我国已与阿根廷、巴西、埃及、沙特、南非、英国、法国、约旦、亚美尼亚等多个国家签署核电合作协议。在航天领域,中国已与30多个国家签署了航天合作协议,与沿线国家建立了良好的政府和商业合作机制。2016年,国防科工局、国家发展改革委发布《关于加快推进"一带一路"空间信息走廊建设与应用的指导意见》,空间信息走廊建设将以在轨和规划建设中的通信卫星、导航卫星及遥感卫星资源为主,适当补充完善天基资源和地面信息共享网络,形成"感、传、知、用"四位一体的空间信息服务系统,为"一带一路"沿线国家及区域提供空间信息服务能力,实现信息互联互通。为此,应抓住"一带一路"建设的战略机遇,全面深化军贸军援与军工产能国际合作。推动军工高端装备、技术、产品"走出去",推动军工项目和产能的海外落地，带动国内企业参与国际市场开发和国际产能合作，促进高端装备出口和国际工程承包，大力提升军工高技术装备的全球化服务能力。围绕提高军贸产品综合竞争实力，在符合国家安全利益和国家规则的前提下，加强政府间交流合作，积极搭建平台，加强军贸产品技术研发，推进民用航天领域、核领域国际合作，加强国防领域先进技术引进、消化吸收和再创新，支持军工单位建立国际合作联合实验室和联合技术中心。积极利用多种渠道、多种方式，做好高技术和敏感领域的"以民掩军"，助推国内装备和产业发展。

深入开展国际军事交流合作。国际军事交流合作是和平时期军事力量"走出去"的重要形式。随着我国与世界各国联系的日益紧密，国际维和、对外培训等对外军事交流活动方兴未艾。搞好国际军事交流合作，有助于促进双方人员交流，增进双方人员感情，能够起到"活血化瘀"、释疑增信的长效作用，真正达到通过和平手段实现军事力量"走出去"的战略目标。首先，适时适度扩大参与联合国维和行动。我军参与联合国维和行动具有多重意义：有益于承担国际义务，增强与相关国家的军事和安全互信，树立我维护世界和平的国际形象；有益于锻炼部队，在接近实战的环境中积累经验，学习外军先进经验，提高我军事能力；有益于展示我军形象，对周边地区形成威慑，维护我海外利益安全。近年来，我军积极参与联合国维和行动，在展示负责任大国担当、为当地民众谋福利的同时，锻炼了队伍，提高了能力，为今后更高层次的海外军事行动积累了宝贵经验。自 1990 年开始参与联合国维和行动以来，我军已先后参加了 24 项联合国维和行动，派出维和部队、军事观察员、参谋军官共 3.1 万多人次①。中国维和部队累计新建、修复道路 1.1 万余公

---

① 《中国—联合国：共写和平发展华章》，《人民日报》2015 年 9 月 21 日。

里、桥梁 300 多座；发现、排除地雷及各类未爆炸物 9400 余枚；运送物资 110 万吨，运输总里程 1200 万公里；接诊病人近 15 万人次。[①] 2015 年 9 月 28 日，习近平在出席联合国维和峰会时郑重承诺，为支持改进和加强维和行动，中国将加入新的联合国维和能力待命机制，决定为此率先组建常备成建制维和警队，并建设 8000 人规模的维和待命部队。[②] 这些战略举措，充分体现了我国政府维护世界和平、提高民众福祉的坚定决心。要在联合国工作框架下，积极推动并重点参与"一带一路"沿线地区的维和行动，适时扩大我军参与联合国维和行动的规模，拓展我参与联合国维和行动范围，树立我文明之师、威武之师的形象，发挥不战而屈人之兵的效果，有效震慑沿线恐怖分子和极端势力，保护我海外经济利益和人员安全。其次，加大对外军事培训的战略投入。加强对外军事培训工作，向外籍军官展示博大精深的中华传统文化，展示中国特色社会主义建设事业的伟大成就，增强互信，厚植知华友华力量，为增进我与世界各国尤其是"一带一路"相关国家的军事互信与军事合作奠定坚实基础。

---

① 《中国—联合国：共写和平发展华章》，《人民日报》2015 年 9 月 21 日。
② 《习近平出席联合国维和峰会并发表讲话》，《解放军报》2015 年 9 月 30 日。

* 第五章 *

军民融合发展战略路径

　　强化大局意识、强化改革创新、强化战略规划、强化法治保障，是支撑中国特色军民融合发展有序推进的四大战略支柱。这一战略举措体系，聚焦文化支撑、战略导向、制度构建、法治建设四个根基性问题，是我们有效破解军民融合体系性矛盾问题、扎实推进军民深度融合发展的战略途径。

一、强化大局意识

强化大局意识的主体功能，是奠立中国军民深度融合发展的社会心理和文化根基。所谓大局意识，是指着眼于国家安全和发展战略全局推进军民融合发展的战略思维和理念群，主要由现代国防意识、现代发展意识及其二者深度融合意识构成。支撑大局意识的基础，是现代国家及其治理的理念。这种理念，要求人们在事关国家全局利益的根本问题上超脱局部利益，把国家安全和发展看作是体现国家整体利益和长远利益的"一块整钢"。牢固树立大局意识，是军民深度融合发展获得最深厚、最强大、最持久支撑伟力的关键所在。

近些年来，人们的国防意识和军民融合观念普遍增强，但大局意识薄弱的问题仍十分突出。影响我国军民融合思想观念发育的问题主要来自两个方面：对军民融合认识方面的问题和由利益关系而引发的思想观念问题。

应当说，在对军民融合的认识问题上，我们还没有牢固树立起国家安全和发展统一的大局意识。对国防部门而言，有的把国防科技工业发展和现代体系作战能力的生成看作是国防和军队自身范围内的循环，不能从国家经济和社会发展的深刻变化中开辟战斗力生成新途径。有的对社会经济力量尤其是非公经济参与国防和军队建设不信任、不放心，怕出事、怕担责，担心在军民融合中失去自我，感到还是摊子自己建、建设自己搞、保障自己做更为牢靠。而对地方而言，有的把军民融合看作是"地方帮军队"、是"经济社会支持国防和军队建设"，甚至认为"国防建设是负担"，等等。军地部门都还不同程度、不同形式地存在着把军民融合作为拓展资源渠道的狭隘认识，还没有将现代国防意识与现代发展意识完全融为一体。

进一步看，在现实中，更多的军民融合认识问题产生于特定的利益关系。马克思指出，"人们奋斗所争取的一切都同他们的利益有关"[1]；"'思想'一旦离开'利益'，就一定会使自己出丑"[2]。这一观点深刻揭示出利益在思想意识形成及其持守方面的决定性作用。面对同一军民融合发展态势，为什么有人认为"形势一片大好"，而有人则持有截然不同的判断？对于民营企业参与国防军工建设，为什么人们的总体态度会有那么大的差异和分歧？在军民融合"以谁为大局"方面，为什么有的军队同志认为维护国家安全大局应该放到第一位，主要在算"军事账"？为什么有的地方同志认为经济建设是中心，应该放到第一位，算的是"经济账"？在"融什么"方面，军队有的同志仍然将军民融合片面理解为"民为军所用"，地方有的同志则将"国防"简单地等同于"军防"；在"由谁来主导"方面，军队有的同志认为谁提需求谁主导，军民融合应由军方主导，地方有的同志则认为谁出资源谁主导，军民融合应由地方主导；还有的担心搞军民融合把自己部门和单位做小了、做弱了，把自己的保

---

① 《马克思恩格斯全集》第 1 卷，人民出版社 1956 年版，第 82 页。
② 《马克思恩格斯全集》第 2 卷，人民出版社 1956 年版，第 103 页。

障队伍搞丢了；等等。类似"屁股决定脑袋"的问题可谓不胜枚举，在军民融合进程中出现的很多思想认识问题以及与之紧密相关的消极行为都根源于此。

上述两方面的认识问题都值得深思。实际上，在国防意识淡薄的背后，是现代战略文化的缺失；在军民融合观念淡薄的背后，是现代国家治理方式和机制的缺失。从根本上说，我国还缺乏一种将国家安全与发展视为一体的强大战略文化和厚重社会心理，也缺乏足以支撑军民融合发展的利益调节机制，国家整体利益与多元化主体利益围绕军民融合还存在着不少摩擦和冲突。

这种有"表面共识"而无足够社会心理文化支撑及缺乏相应利益调节机制的现状，在推进军民深度融合发展的实践中必定会产生极其负面的影响。美国人类社会学家英格尔斯有一段名言："如果一个国家的人民缺乏一种能赋予这些制度以真实生命力的广泛的现代心理基础，如果执行和运用着这些现代制度的人，自身还没有从心理、思想、态度和行为方式上都经历一个向现代化的转变，失败和畸形发展的悲剧结局是不可避免的。再完美的现代制度和管理方式，再先进的技术工艺，也会在一群传统人的手中变成废纸一堆。"[①] 这个思想无疑是很深刻的。从这个意义上说，要推动军民深度融合，必须经历一场深刻的思想文化革命，也是特定意义上的人的现代化革命。

坚持不懈地实施军民深度融合发展的基础工程，最重要的是厚植军民融合的文化土壤。要有效解决这个问题，需要综合运用教育、宣传等方法，向社会大众长期输入军民融合理念、现代国防意识和法治文化元素，使之逐渐渗透到我们民族的骨髓，积淀为我们稳定的民族性格。在

---

① 殷陆君编译：《人的现代化》，四川人民出版社 1985 年版，第 4 页。

这个问题上，最紧迫的是要牢固树立这样一个根本理念：人类发展到今天，安全与发展已经高度融合，共同构成国家的两大基本战略目标，是体现国家根本利益的"一块整钢"。在国家战略全局中，安全与发展决不是主次从属的关系，决不是轻重先后的关系，而是共生共亡、枯荣与共的关系，是相互促进、相得益彰的关系。在信息化战争和军民通用技术时代，只有军民形成强大合力，构筑强大的军民融合文化，军民融合发展战略才能内化于心、外化于行，我们才能将军民融合的战略构想变革为巨大的物质力量。

强化大局意识，还要从根子上理顺人们在军民融合中的基本利益关系，建立适应市场经济利益驱动要求的军民融合发展机制。道理很清楚，市场经济条件下推进融合，必须实现参与各方的利益共赢，只有"共享"，才能"融合"。军民融合发展涉及地方政府、军队、民口国企、民营企业、市场中介组织、自然人等很多主体，它们的利益诉求各不相同，几乎每个利益主体都希望在军民融合发展中，获得相应的政策和资金优惠，提升自己的利益水平。这就要求我们，强化军民融合意识，决不能搞"单打一"，必须打好思想教育与政策制度联动的"组合拳"，将思想教育与相应的机制建设协同推进。实践证明，要把体现国家利益的军民融合转化为各局部利益体都能接受和乐于推进的工作格局，就必须用包括思想教育、利益驱动在内的综合手段调节各主体关系，这是变"要我融合"为"我要融合"的关键。一言以蔽之，强化大局意识，促进各类融合主体达成服从服务国家整体利益的共识，重要前提是用国家利益有效整合地方利益、部门利益、行业利益、军队利益和个人利益，这样才能在军民融合过程中真正做到"全国一盘棋""军民一条心"，凝聚各方力量，达成系统集成，实现高效融合。

二、强化改革创新

强化改革创新的主体功能，是构建中国军民深度融合发展的现代制度体系。近年来，我国军民融合相关改革迈出了实质性步伐，但诸多体制性障碍、结构性矛盾和政策性问题仍在制约着军民深度融合发展，军民分离二元体制仍有很强的运行惯性，许多军民融合工作仍停留在口号上和文件中。我国军民融合发展正处于"举步维艰"的"破冰期"。时代强烈地呼唤改革创新，核心任务是："建立健全有利于军民深度融合发展的组织管理体系、工作运行体系、政策制度体系。"①

建立健全统一领导、军地协调、顺畅高效的组织管理体系

从国外主要国家军民融合发展的实践看，虽然各国领导管理体制有所差异，但大多坚持国家统筹、政府主导，为军民融合发展提供顶层体制保障。美国国家层面涉及统筹军民融合发展的机构有：国家安全委员会、经济顾问委员会、科学与科技政策办公室、国家安全顾问和国家经济委员会。欧盟涉及统筹军民融合发展的机构主要有"欧洲防务局"。俄罗斯国家层面涉及统筹军民融合发展的机构主要有联邦安全委员会、总统科学技术政策委员会。以色列国家层面统筹军民融合发展的机构主要是"国防委员会"。日本国家层面负责统筹军民融合发展的机构主要是国

---

① 《中共中央、国务院、中央军委印发〈关于经济建设和国防建设融合发展的意见〉》，2016 年 7 月 21 日，见 http://www.gov.cn/xinwen/2016-07/21/content_5093488.htm。

家安全保障委员会和综合科学技术委员会。①

当前，我国军民融合体制改革正处于"拆壁垒、破坚冰、去门槛"的关键时期，最紧迫的一个任务，是解决军民融合体制管理的"碎片化"问题。现有的多数跨军地议事协调机构，事实上主要起着联系沟通作用，基本上没有决策权和监督管理权。在成立中央军民融合发展委员会之前，党和国家层面还没有任何一个机构担负统筹经济建设和国防建设、推进军民融合发展的职能。由于缺乏国家层面抓总的权威机构，在实际工作中往往是同一件事多个部门都在管又都说了不算，结果是各部门都从自身利益最大化出发，与其他部门进行讨价还价式的利益博弈，最终达成一种效益不高却能为各方接受的"平衡方案"。各相关部门"都管又都不管"的体制格局，常常会加剧"有协调、无结果，有议事、无决策，有启动、无监督"的工作低效问题。

面对这些问题及其深层制约因素，党、政府和军队表现出了推动军民融合深度发展的坚强意志和决心。近年来，在国家强势推动下，各省区市不断建立完善军民融合领导机构，多数省区市成立了军民融合或军民结合领导小组，一些地级市也成立了军民融合办公室。在新一轮国防和军队改革中，军队相关体制也进行了调整。在原有部门大量合并、裁减的背景下，专门成立了军委战略规划办公室军民融合局。至此，军队有了参与编制国家经济建设和国防建设融合发展规划、协调指导军队各领域军民融合发展工作的专门机构。

2017年1月22日，中共中央政治局决定成立中央军民融合发展委员会，建立中央层面军民融合发展重大问题的决策和议事协调机构，统一领导军民融合深度发展。这是继中央政治局决定把军民融合发展上升为

---

① 吕彬等：《西方国家军民融合发展道路研究》，国防工业出版社 2015 年版，第 28—30 页。

国家战略后作出的又一重大战略决策。设立这一机构，从高端体制上解决了统一领导军民融合组织体制缺位的问题，是有力统领党、政、军各方力量，破解军民融合管理制度"碎片化"问题的科学制度设计，也是加快形成军民融合"三个体系"制度建设的奠基工程。以此为契机，我们要加快完善统一领导、横向协调、纵向贯通、职责清晰的职能分工体系，切实解决融合过程中各自为政、多头领导、分散管理以及领导管理机构缺位、越位和错位等问题，确保各项融合举措统一筹划、一体布局、协调推进。

建立健全国家主导、需求牵引、市场运作的工作运行体系

在军民融合发展中，国家主导、需求牵引和市场运作是三大基本作用力，也是三大基本工作机制。其中，国家把控融合发展方向、规范政策法规、调节运行状态、提供公共服务，需求牵引军民融合各领域及其重大项目发展，市场协调各主体间的利益关系并提供基本融合动能。只有综合运用党和国家坚强的意志力、融合需求的牵引力、市场的资源配置力，使之形成推动军民融合的强大合力，才能有效解决"要素强、系统弱""指头硬、拳头软"等难题，在国家治理现代化的基础上推进经济建设和国防建设的融合发展。

强化"国家主导"的核心要义，是实现执政党对军民融合全领域、全过程的领导，引导和调控军民融合发展的正确方向。我国军民融合实践中之所以存在管理体制"碎片化"等各类体制性障碍，根本原因在于既定利益集团的阻碍和隔断。我们认为，要有效化解制约军民深度融合的这一难题，就要在中央军民融合委员会强有力的领导下，充分发挥好国家主导的三大职能：制度供给、重大决策、统筹协调。"制度供给"：通过合理、充足的政策制度供给和融合发展环境氛围的营造，引导军民

融合健康发展。这里的"制度"是广义的，所有带有引导性、约束性的战略、规划、政策、体制、机制的制定颁布，都属于制度供给的范畴。主要包括研究制定我国军民融合发展战略，研究制定军民融合发展长期规划，以及研究制定经济建设和国防建设融合发展的五年规划；制定军民融合发展的重大政策；推进军民融合发展体制改革，建立健全军民融合工作机制，推进军民融合法治建设等。"重大决策"：对事关军民融合发展长远性、全局性的重大问题作出决策。比如，统筹推进国防科研生产管理和基础设施建设等军民融合发展重大项目（专项工程），审议决策武器装备采购等重要事项，审议解决依托国民教育培养军事人才、军队保障社会化、国防教育、国防动员、民兵预备役、边海空防等跨部门、跨领域、跨区域军民融合发展的重大事项等。"统筹协调"：推动领域军民融合和区域军民融合健康发展。通过加强对现有军民融合议事协调机构的领导和指导，聚合优质资源，优化系统集成，使各领域军民融合体系化发展，促进体系化作战能力生成和经济社会创新协调和谐绿色发展；通过加强领导和指导各省、自治区、直辖市军民融合发展，推动区域经济社会发展、促进区域安全稳定。

强化"需求牵引"的核心要义，是解决融合需求对融合资源配置的牵引和导向问题，通过融合需求牵引规划、规划引导资源配置的机制，达成"兴国之举"和"强军之策"的战略目标。需求问题一直困扰我们多年，是一个顽疾。调研中，我们时常听到，一些政府部门甚至有些企业抱怨说，军民融合我们有积极性，但始终苦于不知军方需求；军方则常常对地方有哪些资源可资利用尚不完全清楚，地方对军队有哪些资源可以利用也不知不晓。在这个重大战略问题上，我们必须采取有效措施根治"需求机制薄弱症"。这就需要我们克服思想懒惰，摆脱思维惯性，认真而不敷衍、深刻而不肤浅，深入研究与之相关的一系列问题。比如，应当建立什么需求管理机制，才能够解决"双向融合"而非"单向融入"的问题，真正把国防建设依托经济建设的需求，以及经济建设对国防建设的资源需求统筹协调起来，建立军民双向融入的需求管理机制，促使新质战斗力与新质生产力双向提升。在双向融合需求中，现阶段的重点任务是用现代体系作战能力生成需求牵引融合需求管理。又比如，应当建立一种什么机制，才能够把各个领域的融合需求实施一体化管理，根本解决各领域"多头提需求、分散搞对接、各自抓建设"的难题，形成军民融合的系统需求。再比如，应当建立一种什么机制，才能够将军民融合发展的长期需求、中期需求、短期需求有机衔接，形成滚动需求管理制度；应当建立一种什么机制，才能够对融合需求的提报、论证、执行、评估等实施全过程需求管理，形成闭环需求管理制度；应当建立一种什么机制，才能有效推进重大融合项目建设，并对项目建设需求落实情况进行动态监督。思考和回答这些问题，似乎都触及一个根本性问题：构建中国特色军民融合发展的规划—计划—资源配置—执行与评估制度，即通过融合需求牵引规划、规划引导资源配置的严格制度，对军民融合需求实施全过程、全系统、全链条管理。这一制度，能够有效统合融合体系设计，统合融合需求生成，统合融合资源投向投量，统合融合资源配置时序，统合融合评估调控，使军民融合资源配置更加贴近国家安全和发展总体要求，更加贴近新型作战力量建设和体系作战能力生成，更加贴近经济社会发展对国防和军队建设的实际需求。

强化"市场运作"的核心要义，是通过市场经济的竞争、供求、利益驱动等机制，激发、调动和保护各主体参与和推进融合的主动性积极性。市场经济条件下推进军民融合，涉及各方利益，如果单纯依靠行政命令来强制推行，缺乏必要利益补偿和必要竞争，不但难以调动融合主体的积极性主动性，而且可能会导致建设成本增加。比如，目前补偿激励机制还不健全，一些基础设施建设因贯彻国防要求而没有得到合理的补偿，一些装备在军事训练中被征用也缺乏利益补偿机制，一些高新技术拥有者因补偿问题宁可将技术锁在保险柜也不愿拿出来共享，等等。可以说，市场机制不完善不健全，已成为军民融合过程中"融而不合""推而不动""纳而不入"的主要因素之一。健全市场运作机制，就要建立完善融合主体公平机制，不断优化参与主体公平竞争的生态环境，使各主体在军民融合发展中享受平等的"国民待遇"；建立完善利益补偿机制，对基础、产业、科技、人才、动员、服务等各领域军民融合项目所增加的成本，都要给予合理的利益补偿；建立完善军民协同创新成果双向转移机制，综合运用政策优惠、知识产权保护、专利技术参股等多种方式，通过构建促进军地创新主体协同合作的激励机制，明确双方在风险分担、效益分配方面的义务和权利；建立完善知识产权制度措施，制定国防知识产权创造、使用、保护和管理政策，有效激发创新主体技术创新和加快成果转化、应用的积极性；建立完善武器装备市场进入退出机制，简化市场进入的审批手续、优化审批流程，积极推进资格认证、生产许可认证、质量体系认证和保密资格认证的"四证合一"，彻底拆除阻碍民口优势创新资源进入国防科技创新领域的"玻璃门""弹簧门"和"旋转门"；建立完善开放型的军品市场竞争机制，坚持面向市场、竞争择优的原则，充分发挥市场对武器装备资源配置的重要作用，广泛吸纳全社会优势资源为武器装备科研生产服务，加快构建分层次、分类别、分阶段军事采购竞争制度。

建立健全系统完备、衔接配套、有效激励的政策制度体系

在军民融合发展中，政策制度体系建设极为重要。就基本属性而言，军民融合发展具有公共性、信息不对称、外部性等特征，容易导致"市

场失灵"。要弥补和消除"市场失灵"导致的资源配置低效，政府必须通过政策手段强化对军民融合的激励和扶持，建立系统配套的军民融合政策制度体系。

军民融合政策体系是一个国家或地区在特定的发展阶段，为了统筹安全与发展，促进经济建设和国防建设融合发展，通过对两大建设众多领域各项资源配置活动的干预，促进两大体系资源优化配置，引导两大建设共用一个经济技术基础而制定的一系列政策措施的总和。这个政策体系具有扶持性、动态性、综合性特征，主要包括产业发展融合政策、科技创新融合政策、人才培育融合政策、社会服务融合政策、资源共享融合政策等内容，是军民融合深度发展的重要保障。

近年来，国家和军地各部门出台了一批政策，取得了一定效果。但总体看，我国在投入保障、标准体系、保密制度、国防知识产权、军事采购政策、金融支持政策等方面，还存在一些深层次的政策瓶颈，制约着军民融合向深度拓展。比如，军民标准体系不相兼容的问题。国外经验表明，美国在推进军民一体化发展过程中，对长期执行的31000个军用标准进行了重大调整，日本也修改或废止了近30000个落后于民用标准的军用标准。我国现行的军用标准分别为国防科工局和部队装备部门掌握，共3万多个。目前，我国很多民用高新技术企业在电子信息、新材料、新能源等领域的技术水平已超过军工单位，相比之下，很多军用标准已经失去了先进性。近年来，军委装备管理部门协同国家标准部门积极推进军民标准通用化工程，成效显著，但任务仍十分繁重，如不尽快解决军民标准不相兼容的问题，军民融合将难以"深"下去。再比如，现行定密和解密制度不够科学。在定密方面，标准相对模糊，很多单位为避免承担泄密责任，定密时就高不就低，导致了很多有市场潜力的技术因不合理定密而难以转化。在解密方面，我国虽然制定了军工技术解密的办法和流程，但还存在解密责任主体不明确、解密标准不统一等问题，造成许多具有很好市场应用前景的军工技术没有得到及时解密，影响了向民用领域转移。

为此，我们迫切需要建立一个从资金供给到成果转化和知识产权保护的全过程政策制度保障链，加快形成系统完备、衔接配套、有效激励的政策制度体系。构建这一体系，既要关注政策制度本身的完备性、完整性，做到"系统完备"，又要关注政策制度相互之间的耦合性、协同性，做到"衔接配套"，还要关注政策效果的有效性、有用性，做到"有效激励"。重点任务是健全投入保障、税收激励、产业扶持、定密解密、产权保护、军事采购等政策手段。

建立资金保障机制。总体思路是：根据军民融合的层次性和建设项目的公共性程度，合理区分政府、企业、军队和社会的投资主体责任，形成财政、金融、社会资金多种形式的资金保障渠道。首先要界定经济建设和国防建设的范围和领域，然后将当前难以清晰界定的领域确定为"军民融合建设"领域和范围。而后，明确国家军民融合建设资金来源渠道。应在中央和地方政府财政预算科目中，为军民融合提供稳定的政府投资资金来源渠道。如果增设预算科目有困难，也应在目前的"经济建设"和"国防建设"项下，明确部分资金要用于对"军民融合"相关投资活动的支出额度或支出比重，确保军民融合建设有稳定的政府资金投入保障。还应运用PPP模式，大力发展各类组合方式军民融合发展基金，为军民融合深度发展提供稳定资金支持。同时，要不断创新金融支持政策，鼓励和支持银行等金融机构对军民融合生产科研进行信贷倾斜和投资担保，引导银行等金融机构对国家重大军民融合项目提供信贷资金支持。还要完善资本市场融资机制，逐步健全和完善吸收民间投资的保障机制，鼓励和支持民间资本、民营企业参与军民融合领域的投融资活动，鼓励和允许符合条件的相关企业上市，为军民融合深度发展注入新活力和新动力。

健全税收激励政策。对主营业务从事军民两用技术研发、军民融合产业化、军民融合运营服务的企事业单位，在增值税、营业税和所得税等方面提供优惠，相关非高新技术企业享受与高新技术企业同等优惠，民口企业享受与军工企业同等优惠。对国家批准的重大工程和项目，因集中采购产生短期内难以抵扣的增值税额占用资金问题，采取专项措施予以解决。对承担和开展重大军民融合项目、重大军民两用技术研发和重大军民融合产业化等建设的企业事业单位，在一定时期内免征增值税、减免营业税，并在获利年度起两年内免征企业所得税，同时，按重大技术装备高新进口的有关规定减免其自用设备的进口税及进口环节增值税。

加强产业扶持政策。国家制定产业结构调整目录和各类相关产业政策时，应兼顾国防要求。按照存量整合、增量带动的原则，推动军地资源共享和转化利用。在增量投入方面，要严格贯彻军民融合原则，能共建共享的不再单独建设，已有的不再重复建设。在存量整合方面，国务院有关部门和地方人民政府要鼓励和支持军民融合领域的跨行业、跨地区资产重组并购，帮助企业做大做强。在盘活存量、用好增量的同时，出台相关支持军民融合产业发展优惠政策，对于从事、开展和参与国家重大军民融合项目、重大军民两用技术研发、重大军民融合产业化等军民融合重大工程建设的企事业单位，可考虑在用电、用水、用气价格以及土地出让价格等方面予以优惠。

健全安全保密政策。在确保国家安全和国防利益前提下，进一步优化军工技术定密解密制度，建立分类、分级的定密、解密标准和程序，为军转民创造有利条件。对需要保密的技术，科学合理地确定相应的密级，杜绝人为拔高、就高不就低等做法，从制度上解决以密级门槛阻碍民参军的问题。还应推动完善国防军工技术解密制度，制定军工技术定期解密管理办法，对现有的国防军工技术成果进行全面清理，定期开展成果解密工作，及时公布技术解密信息，鼓励军工单位采取自行实施、转让、许可、合作实施、作价入股等方式加速国防军工技术向民用领域转化。

完善知识产权政策。应充分利用国家实施创新驱动战略的有利时机，尽快建立健全军民融合领域的知识产权保护体系。要制定有关国防知识产权保护的政策措施，通过立法明确国防知识产权的所有权、使用权、转让权和处置权，清晰各知识产权利益主体的权利义务关系。以此为基础，进一步完善国防知识产权转移利益分享机制，明确投资者、研制单位、研发人员、管理人员、中介机构等相关利益主体的权益，保护科研机构及相关人员知识产权转化后的合理收益，提高主要发明人享受职务发明转化的收益比例。还要出台促进国防领域和民用领域知识产权相互转化的相关政策，编制发布知识产权转化实施目录，大力推动国防知识产权向民用部门和实际应用领域转化。

改革军事采购政策。发挥军事采购的导向作用，制定引导和鼓励军民融合深度发展的军事采购政策，鼓励各类企事业单位平等竞争，参与军事装备、军用物资、器材的研制、生产和供应。完善军品招投标和资质认证制度，建立公平公正公开规范有序的军品市场体系。实行"货架产品"采购制度，凡市场上有的均实行商业采购，凡民用企业能提供的均实行招标采购。政府采购优先选择军民两用技术、产品和服务。加快建立军事采购分层次、分类别、分阶段竞争制度，加大竞争采购和集中采购的比重。

三、强化战略规划

强化战略规划的主体功能，是构建和增强中国军民深度融合发展的国家战略导向机制。推进军民深度融合发展，涉及政治、经济、军事、文化、社会、科技等各个领域，是一种将统筹国家安全和发展战略意志有效转化为宏大社会实践活动的持续过程。这一实践活动涉及范围广，涵盖内容多，触及的利益关系复杂，特别需要对军民融合发展作出导向性、权威性、全局性、前瞻性的谋划安排。这就决定了军民融合发展本质上是一种国家行为，是国家战略意志的集中反映。只有做好顶层设计，规划好破解军民深度融合发展瓶颈的战略路径，统筹协调好各方面的重大关系，才能使国家安全、经济发展、社会和谐、科技进步之间产生强大合力，才能切实解决国家安全与发展战略全局性问题。

加强战略规划牵引是各国推进军民融合发展的主要做法。美国通过军民两用技术发展规划等系列举措，推动国防科技工业转型发展，构建军民一体化国防科技工业体系。英国在 1993 年发布了《运用我们的潜力：科学、工程和技术战略》科技白皮书，强调科技战略的一个重要内容就是加强军用技术转民用。2001 年又颁布了《面向 21 世纪的国防科技和创新战略》，着力引进世界范围内先进技术，构建军民融合的国防科技创新体系。法国在 1994 年的国防白皮书中明确提出"国防工业要考虑向军民两用方向发展，军用研究和民用研究要尽可能结合"的战略原则和方向，《2003—2008 年的军事计划法》提出要通过优先发展军民两用技术来加强研究和技术开发。德国 1992 年的国防方针明确规定，要做好战略规划，在"寓军于民"的同时必须保持强有力的军工核心力量，国防部在规划工作中要考虑和照顾军工企业的利益。①

　　近些年来，我国实施军民融合战略规划取得显著成效。在"十二五"时期，我国制定实施了第一部统筹经济建设和国防建设发展的专项规划。2015 年 10 月，党的十八届五中全会通过了《中共中央关于制定国民经济和社会发展第十三个五年规划的建议》作出一系列重大部署，其中专设一章将军民融合发展战略规划纳入其中。同年，启动了经济建设和国防建设融合发展"十三五"规划的编制工作，并出台了国防科技工业、网络信息安全等重点领域军民深度融合发展的相关政策措施。国务院、中央军委批准了《国家军民融合创新示范区建设总体方案》并启动实施。2016 年 7 月，中共中央、国务院、中央军委联合下发《关于经济建设和国防建设融合发展的意见》，对推进军民融合发展作出总体战略部署。在国家战略的引导下，一些部门和区域也制定了军民融合发展规划。工业和信息化部、国防科工局启动了《国防科技工业军民融合深度发展"十三五"规划》编制工作，明确了国防科技工业军民深度融合发展的方向、思路和重点。为了推动武器装备科研生产军民融合发展，工业和信息化部发布了《军民融合深度发展 2015 专项行动实施方案》，国防科工局发布了《2015 年国防科工局军民融合专项行动计划》，等等。各省区市在制定本地区经济社会发展规划中，把落实军事需求、贯彻国防要求作为规划、计划的重点内容，组织编制本地区军民融合发展"十三五"专项规划。例如，河北制定了《河北省军民融合产业发展纲要》，将军民深度融合纳入京津冀协同发展战略；北京市海淀区制定《中关村军民融合创新示范区规划方案》。

　　然而，现阶段军民融合规划方面的问题仍然十分突出。在规划编制

---

① 张利明：《欧洲主要国家军民融合发展的启示》，《军民融合》2016 年第 4 期。

过程中，军民分离二元体制结构，军地各自系统内形成的"多龙治水"格局，深深影响着经济建设和国防建设规划的融合范围和程度，出现"我的地盘我做主""你融你的我干我的"等问题。比如，民口在公路铁路、港口码头、机场等基础设施建设中还没有充分考虑国防需求，而国防口在信息化建设、高新装备研发、通用军需产品生产等方面也较少考虑经济和社会效益。更令人担忧的是，所编制的统筹经济建设和国防建设规划缺乏足够的刚性执行力。"规划规划，墙上挂挂"的阴影始终挥之不去。军民融合资源配置总体上还属于较为粗放的"切块式"传统配置模式，建设需求对规划计划的牵引作用、规划计划对资源配置的主导作用还没有充分发挥出来。在现实中，军民融合资源配置中的需求分析功能、规划计划功能、调控纠错功能、成本核算功能和评估监督功能，有些被弱化，有些被遗漏。规划所涉及的许多重大项目，更多地依赖各级政府和军事机关的督促，缺乏适用市场经济规律的措施办法，在一定程度上影响了战略资源的优化配置。

强化战略规划，首先需要立足国家战略总体需求搞好规划的整体布局。习近平指出："在军民融合深度发展方面，还是要强调两句话，军队要服从整个的国家布局，国家布局要充分考虑国防建设。"[1] 这就要求我们，在战略目标上，要加快形成军民融合发展的远期、中期、近期目标相互衔接和配套的目标体系；在规划布局上，要注重国家顶层设计，优化国防和军队建设合理布局，由重点融合领域向其他新兴领域延伸，推动重要产业和重要区域军民融合发展；在规划原则上，本着能利用社会资源的就不另起炉灶，能纳入地方发展规划就不再铺摊子，能依托社会保障体系的就不再重复建设，有效整合全社会范围内的各种资源，形成

---

① 《习近平在十二届全国人大二次会议解放军代表团全体会议上的讲话》，《解放军报》2014 年 3 月 12 日。

相互兼容的良性格局，提高军民融合效益，促进社会资源转化向战斗力转化；在战略管控上，着力破除自成体系、封闭垄断和军民分割的体制机制方面的障碍，强化军民融合的宏观调控与计划调节、行政管理与经济激励等战略管控职能，制定实施激发全社会力量积极参与军民一体的发展战略规划。

强化战略规划，要坚持国家主导与市场运作的统一。我国军民融合发展战略规划，并不是单纯的计划型规划或市场型自由规划发展模式，而是由"看得见的手"（顶层规划引导）和"看不见的手"（市场配置机制）相互融合的发展模式。它既是政府行为，又是市场行为，必须坚持国家主导、市场运作相统一。实际上，这也是世界各国推动军民融合采取的主要方式。20世纪末，英国国防部开始实施"精明采办"改革，突出国防部在制定战略规划与政策、投资、调控、监管和服务等方面的作用，先后出台了《国防工业政策》《国防工业战略》《国防技术战略》《国防采办改革战略》《国防可持续采办战略》和《国防工业与技术政策》等，引导企业投资军工技术，改革军品采办程序，促进中小企业发展，保护企业知识产权，鼓励军品出口和吸引外资，取得了显著效果。目前，我国正处于向规范、成熟市场经济过渡的特殊阶段，如何在坚持国家主导军民融合发展的同时，充分运用市场手段需要深入探索实践。比如，北斗卫星导航作为典型的军民两用技术，是一项强军兴国的重大工程。目前，我国北斗产业化进程有较大进展，已经有200多款车型开始使用北斗兼容车载导航仪、近200款手机安装了北斗芯片。但总体来看，北斗产业及规模应用还比较薄弱，产业规模发展和经济社会效益提升的空间巨大。为了加快北斗的产业化进程，确保这一军民融合重大项目发挥服务国防和经济建设的双重功能，国务院出台了《国家卫星导航产业中长期发展规划》，制定了《关于促进信息消费扩大内需的若干意见》，以助推北斗的产业化进程。北斗系统产业化的初步实践表明，运用好市场力量，就能积极引导经济社会领域的多元投资、多方技术、多种力量更好服务国防建设，也能积极促进国防建设成果更好服务经济社会发展，实现经济建设和国防建设综合效益最大化。

强化战略规划，还要提升军民融合规划的刚性约束和执行力。2015年3月，习近平在出席十二届全国人大三次会议解放军代表团全体会议时强调："要强化战略规划，拿出可行办法推动规划落实，加强督导检查、建立问责机制，强化规划刚性约束和执行力。"[①]中共中央政治局审议通过的《关于经济建设和国防建设融合发展的意见》明确指出，要"把军民融合的理念和要求贯穿经济建设和国防建设全过程，按照职责分工抓好经济建设和国防建设融合发展工作，一件一件督导推进，确保责任到位、措施到位、落实到位"[②]。这就要求我们，要在国家主导下推动战略规划落实，要在法规政策的约束力下推动战略规划落实，要在国家治理现代化进程中推动战略规划落实。唯其如此，战略规划才能成为推进军民深度融合发展的战略指南，在现实与目标之间架起一座坚固畅达的桥梁，凝聚起推动军民深度融合的强大力量。

四、强化法治保障

习近平深刻指出，要善于运用法治思维和法治方式推动军民融合发

---

① 《深入实施军民融合发展战略　努力开创强军兴军新局面》，《解放军报》2015年3月13日。

② 《中共中央国务院中央军委印发〈关于经济建设和国防建设融合发展的意见〉》，《人民日报》2016年7月21日。

展，充分发挥法律法规的规范、引导、保障作用，提高军民融合发展法治化水平。[①]这一重要论述阐明了法治建设在我国军民融合发展进程中的特殊地位。党的十八届四中会议通过的《中共中央关于全面推进依法治国若干重大问题的决定》指出，要"加强军民融合深度发展法治保障"，这是继党的十八届三中全会确立推动军民融合深度发展战略部署后又一重大举措。可见，强化军民融合法治保障是建设中国特色社会主义法治体系和社会主义法治国家的题中应有之义，是用制度规范和保障军民融合发展的内在要求，是加快推动军民融合深度发展的必然选择。

所谓"法治"，是指根据法律治理国家和社会。[②]从根本上说，法治有五个方面的构成要素：第一个要素是法律规则、标准或原则的性质（能力），用于指导人们从事一定的行为。第二个要素是实效性。按照约瑟夫·拉兹的术语，"人们应该受法律的统治并遵循它。"[③]第三个要素是稳定性。法律应当是足够稳定的，所规制的主体（个人或机构）能够安排筹划和做出相应的行为。第四个要素是法律的权威至上。法律应当宰制国家最高统治者及包括立法者、执法者和法官在内的官员以及普通公民。第五个要素是涉及公正司法的操作性和工具性，即司法机关应当能够实施法律并应使用公正的程序。[④]概括而言，法治通过明确相应的法律条文以实现界定个人或机构权利和义务，发挥其规范、指引、监督个人

---

① 《习近平：运用法治思维和法治方式推动军民融合发展》，2015年3月12日，见 http://www.rmzxb.com.cn/c/2015-3-12/464802.shtml。

② 中国社会科学院语言研究所词典编辑室编：《现代汉语词典》，商务印书馆2011年版，第371页。

③ ［英］约瑟夫·拉兹：《法治及其善德》，见《法的权威性：法与道德论集》（1979年英文版），第213页。

④ 参见中国政法大学人文学院哲学系编：《法治的哲学之维》，当代中国出版社2012年版，第13页。

或机构行为的作用。据此，强化法治保障的主体功能，是确立我国军民融合各类主体行为的基本规范。

当前，我国军民融合发展刚进入由初步融合向深度融合的过渡阶段，正处在破除主要障碍的攻坚期和破解深层次矛盾的关键期，面临着一系列体制性障碍、结构性矛盾和政策性问题，背后无不纠结着复杂的利益关系。推进军民融合发展战略时常会遭遇"有共识、难落实"的尴尬局面。在一个走向法治社会的国家，凝聚力量、破解难题，必须依靠法的力量。推动初步融合向深度融合发展，我们必须实施"强力推进型"方式，实施比发达国家更有力度的法律建设，以更为强大的战略执行力和制度推动力促进军民深度融合。

他山之石，可以攻玉。正如美国著名政治学家和社会学家李普赛特（Seymour Martin Lipset）说过的一句名言："只懂得一个国家的人，他实际上什么国家都不懂（Those who only know one country know no country）。"只有越过自己的国家，才能知道什么是真正的共同规律，什么是真正的特殊情况。[①] 从国际范围来看，通过加强立法、运用国家强制力保障和促进军民融合发展已经成为世界各主要国家共同采取的发展战略和政策取向。美国自 20 世纪 90 年代初实行军民一体化发展起，目前已经形成了层级分明、完备缜密的军民融合发展法律体系。在法律层面，美国国会出台了一系列法律和法令，比较有代表性的包括《1992 年国防技术转轨、再投资和过渡法》，明确规定推进军民一体化；《1996 年联邦采办改革法》，确立了适应军民融合发展的具体采办程序，在美国军民融合发展史上具有里程碑意义。除此之外，还有《1998 年度国防授权法》

---

① ［美］伊斯特利：《经济增长的迷雾：经济学家的发展政策为何失败》，姜世明译，中信出版社 2016 年版，第 XII 页。

《2009 年武器系统采办改革法》《2014 年度国防授权法》等多部法律①。俄罗斯自 20 世纪 90 年代起也陆续颁发了《国防订货法》《国防工业法》和《俄联邦国有企业法》。依据这些法律，国防部向军工企业采办军品时，实行竞标制，让多家企业进行公平竞争，并引进激励机制，对完成国防订货任务好的军工企业给予一定程度的免税和其他优惠政策。除美、俄之外，21 世纪以来，英、法、印、日等国为保障军民融合发展，也都出台了一系列促进军民融合发展的相关法律法规。

根据我国宪法、国家机关组织法、国防法等基本法律的相关规定，我国与军民融合发展相关的法治体系，包括全国人民代表大会及其常委会制定的法律，国务院和中央军委制定的法规条例以及国务院有关部门及解放军各总部与各大单位制定的规章。例如，已经出台的相关法律文件包括《国防法》《保守国家秘密法》《公司法》《招标投标法》《专利法》《促进科技成果转化法》《产品质量法》《国防动员法》《国防交通法》等，这些法律重典，对于依法推进军民融合发展、建设巩固国防和强大军队具有重大意义。已经出台的相关法规包括，原总装备部 2014 年 9 月出台的《竞争性装备采购管理规定》和《装备价格方案评审规定》，其中《竞争性装备采购管理规定》是我军第一部规范和指导全军竞争性装备采购工作的专门规章，为建立符合我军实际的竞争性装备采购管理制度和工作机制奠定了基础②。2015 年，原总装备部颁布《中国人民解放军装备承制单位资格审查管理规定》《装备采购合同履行监督工作管理暂行规定》等

---

① 参见朱作鑫：《中国军民融合发展立法研究》，《北京理工大学学报（社会科学版）》2016 年第 6 期。

② 参见毕京京、肖冬松主编：《中国军民融合发展报告 2015》，国防大学国防经济研究中心组编，国防大学出版社 2015 年版，第 9 页。

重要文件，引导和鼓励优势民营企业参与军品研制生产①。其他法规包括《国防专利条例》《武器装备质量管理条例》等。此外，相关部委及解放军各总部及各大单位针对军民融合市场准入、军品采购、装备管理、知识产权、税收、投资、资源共享、科技、人才培养、土地等方面陆续出台的一系列政策规章。这些法律、法规及政策规章的出台，构成了军民融合的法治保障体系，为实现各领域军民融合深度发展提供了必要的制度基础。

综合来看，近年来我国军民融合法治保障体系的构建取得了显著成绩，但与实现军民深度融合发展需求相比还有较大差距，存在较大的完善空间。

军民融合顶层法律缺失。目前，我国军民融合现有立法规范大多为行政规章，缺乏全国人大及其常委会颁布的、同时对军地双方均有较强法律约束力的更高位阶的法律。主要表现在至今还没有一部专门规范军民融合发展的综合性法律，不利于持续、深入地推进军民融合发展战略。与美国、欧盟等国家和地区高度重视用立法来规范和推动军民融合发展相比，我国长期以来缺乏专门的军民融合发展法律制度，只能以政策甚至产业目录作为发展依据。军民融合是一项长期复杂的系统工程，仅靠政策层面的规范难以保证军民融合发展战略长期、稳定和有效地推进。

一些融合领域法律仍然缺位。在信息获取方面，目前我国尚未出台一部规范军品信息的法律规范。在技术标准方面，我国的《军用标准化管理办法》是1984年由国务院、中央军委联合颁布的，已经严重滞后于现代国防建设需求。在合同规范方面，《国防法》中有关装备合同的条文过于简单，第34条只在原则上规定："国家根据国防建设的需要和社会

_____

① 参见毕京京、肖冬松主编：《中国军民融合发展报告2016》，国防大学国防经济研究中心组编，国防大学出版社2016年版，第37页。

主义市场经济的要求，实行国家军事订货制度，保障武器装备和其他军
用物资的采购供应。"具体的内容并没有相应的详细规定；而《合同法》
规定的 15 种有名合同中并不包括军品合同，相关问题只能适用该法总则
的规定，并参照该法分则或者其他法律最相类似的规定执行。[①] 此外，《政
府采购法》将政府采购划分为民品采购和军品采购，并未考虑军民两用
技术。然而，目前一些民营企业已经具备进入第一类核心装备研制生产
领域的能力，却由于超出 2007 年颁布的《非公有制经济参与国防科技工
业建设指南》允许进入的军品领域，而被阻拦在参军的大门之外。

一些法律法规发展相对滞后。例如《保守秘密法》和《国防科技工
业安全保密监督监理规定》的出台，进一步明确了保密主体的职责和保
密范围，强化了保密管理水平。但由于保密管理程序过于复杂和严格，
导致国防科技工业体系在一定程度上存在定密过高，或保密期过长，以
及定密积极、解密懈怠等问题，制约了"军转民、民参军"机制的运行。
严格的保密制度使得企业过于保守，在一定程度上也造成了非军工企业
不能或不愿迈入国防市场的壁垒问题，使参军民企变成另一个半封闭的
工业体系，影响了民企灵活、开放体制特性的发挥。

部分法规中有关军民融合事项的规定相互矛盾。从目前军民融合立
法实践来看，各融合主体从自身利益出发，以维护部门利益为前提制定
相关法规政策，这无疑会使军民融合立法意向偏离国家军事利益与经济
利益相协调的原则，使军民融合在实际推动过程中出现"相互掣肘"的
现象，不能产生融合合力。例如，在从事军品科研生产任务许可方面，
1999 年国防科工委发布的《武器装备科研生产许可证管理暂行办法》第
2 条规定："凡申请承担武器装备科研生产任务的单位，经审查合格，取

---

① 参见王卫军：《军民融合式发展立法存在的问题及对策》，《军事经济研究》
2011 年第 7 期。

得武器装备科研生产许可证后，方可承担武器装备科研生产任务"，而2002 年中央军委发布的《中国人民解放军装备采购条例》第 8 条第 5 款规定总装备部"归口管理对装备承制单位的资格审查工作"，第 30 条规定总装备部负责"编制本系统的《装备承制单位名录》……除特殊情况外，装备采购的承制单位应当从《装备承制单位名录》中选择"。[①] 武器装备科研生产许可的两套管理体制使一些希望参与军品科研生产任务的单位无所适从。

民用领域立法实践中，往往忽略国家军事利益的考虑。例如我国企业立法规定了企业在机构设置方面的自主权，结果一些企业便以此为依据取消了人民武装工作机构的设置。尽管这不是立法的本意，但的确反映了民用领域中贯彻国防需求意识的薄弱与淡化。相比之下，发达国家的民用领域立法文件中常常有涉及国家军事利益的条款。英国《运输法》明确规定，在国家利益（包括军事利益）需要时，政府可以征用商船；平时造船业的设计图纸必须经过军方审阅同意后方能施工，并由军方派出观察和磋商人员进驻船厂监督；军方负责支付商船附加军事设施部分的费用等[②]。通过立法将国防需求贯穿于经济建设领域的做法，是值得我们充分借鉴的。

实践表明，每一种成功的"法治"都是一个"生命体"，就像一棵大树一样，有自己的树根（价值认同）、树干（法律体系）、树叶以及花果（法治实效）。[③] 构建和完善我国军民融合法治保障体系，需要从以下三个方面着力。

---

① 参见王卫军：《军民融合式发展立法存在的问题及对策》，《军事经济研究》2011 年第 7 期。
② 夏勇：《论军地间的法制协调》，《法商研究》2000 年第 3 期。
③ 参见贺麟：《文化与人生》，商务印书馆 1988 年版，第 46 页。

一是强化军民融合的法治观念。由于历史和文化的局限，中国自古形成了以社会关系的泛道德化为前提的"德主刑辅"的政治框架，这就导致了我国自古重礼轻法、以德代法、"人情大于王法"的社会氛围。从理论意义上讲，在中国"法治"是一个经典的现代词汇。民国初年中国学者才开始从政治学、法学的角度系统接受西方亚里士多德以来的"法治"理论。[①] 长期以来，我国军民融合法治建设有了长足进步，但重人治、轻法治现象在地方与部队推动军民融合发展中仍比较突出。社会上流传一句话，就政策法规效力而言，"黑头不如红头、红头不如白头、白头不如口头"。民营企业参军的主要途径还是通过托熟人、找朋友建立各种渠道，与军工单位合作生产或者形成配套关系来获取产品需求[②]。这说明，在推动军民融合法治化建设中，我们的思想认识还存在很大差距，在法律法规执行过程中中国自古以来人情关系社会思想惯性仍然表现出很强的负面力量。

法律必须被遵守，法治必须被信仰。要推动军民融合发展的法治化进程，唯有从思想文化根源入手，完成从心理、思想、态度和行为方式上的法治化，才能使军民融合法治保障体系建设获得最深厚、最强大、最持久的人力、智力和财力支撑。这就要求我们综合运用教育、宣传等方式，向社会大众普及军民融合理念、现代国防意识和依法治国元素，使全社会认识到唯有"以法为根据和准则来治理国家"，让法律成为我们生活的普遍根据，用法律手段推动军民融合深度发展，军民融合发展战略之树才能枝繁叶茂。

---

① 参见中国政法大学人文学院哲学系编：《法治的哲学之维》（第 1 辑），当代中国出版社 2012 年版，第 29 页。

② 陈骥江等：《新时期民企参军的困局及破解之策——以扬州民营企业调研为例》，《军民融合》2016 年第 1 期。

　　二是加快推进军民融合综合性法律建设，逐步构建一套军民融合法治保障体系。我国有关军民融合发展的政策性意见已确立了总体框架。要把现有的相关政策、原则转化为具有普遍约束力的法律规范，确保这些政策、原则的稳定性、权威性和有效性，还有大量的"立、改、废、释"工作。可以考虑在《国防法》中增加"军民融合"相关部分，并适时出台一部军民融合发展的基础性法律规范，明确军地双方在军民融合发展方面的权利、义务和责任，明确武器装备科研生产、军队人才培养、军队保障等领域的相关内容，为军民融合发展提供充分的法律依据，为下位法的完善提供强有力的支撑。

　　还需要从法理上理顺国防需求与市场配置的关系，按照建立完善的社会主义市场经济体制和更加完备的社会主义法治要求，对现行的法规制度作出相应的立、改、废、释。要打破传统的军民二元对立结构，消除传统体制遗留的法律制度障碍，避免资源由于重复低效配置而造成耗散和浪费。这里特别需要在符合市场经济运行规律前提下，运用各类政策或经济杠杆，鼓励引导民用部门深入参与国防和军队现代化建设，运用市场机制提升国防建设效能。

　　同时，对于实践证明已经比较成熟的改革经验和行之有效的改革举措，要尽快上升为法律。习近平指出："对于实践证明已经比较成熟的改革经验和行之有效的改革举措，要尽快上升为法律。对部门间争议较大的重要立法事项，要加快推动和协调，不能久拖不决。对实践条件还不成熟、需要先行先试的，要按照法定程序作出授权，既不允许随意突破法律红线，也不允许简单以现行法律没有依据为由迟滞改革。"[①]立法的效率事关法治建设能否顺利开展。地方政府在推进军民融合发展创新示范

----

① 《习近平关于全面依法治国论述摘编》，中央文献出版社2015年版，第52页。

区建设的过程中，依照现有法规制度安排，提出了一系列先行先试的新政策、新举措，一些政策发挥了很好的作用。把那些经过实践证明是有效的、成功的改革经验尽快上升为法律，才能更好地处理法治与改革的关系，做到"在法治下推进改革，在改革中完善法治"①。

三是不断提高军民融合法律制度的执行力和约束力。再好的制度如果得不到切实执行，其效果也会大打折扣。在实施法治化进程中，有一种现象很值得思考：执法往往比立法更难。一部很好的法律，在实践中常常走形，法律的贯彻执行力不够刚性，很多法律的目标与结果不尽一致，往往出现在既有一套正式规则之外还有一套颇具杀伤力的潜规则，"监督博弈"就说明了这种"激励的悖论"。现阶段推进军民融合法律制度改革创新，必须着力提高制度执行力，防止法律制度成为"稻草人"和"橡皮筋"。

提高军民融合法律制度的执行力，首先要求我们首要保证军民融合立法之初的统一性和权威性。军民融合立法涉及军事领域和民用领域诸多方面。在我国，由各地制定的民用立法，可以根据不同区域经济文化发展水平的不同情况而有所差异，但军事活动具有高度统一性，军事立法也必须保持统一，军事立法与民用立法是有重要区别的。因此，军民融合立法应当由国家立法机关、中央政府、军队统领机关统一决定，军民融合基础性法律立法权应当集中于中央。在此基础上，对于涉及军地各部门利益的法规、规章的制定，建立军地立法协调机制，确保军地双方在充分论证和有效沟通的基础上立法，所立之法能够为军地双方接受并具有可操作性，以维护各方利益。

提高军民融合法律制度的执行力，要建立完善的军民融合法治实施

① 《习近平关于全面依法治国论述摘编》，中央文献出版社 2015 年版，第 52 页。

体系。法律的生命力和权威在于高效实施。军民融合发展法律法规的实施，有赖于充分发挥政府机构、社会组织和企事业单位等法治实施主体的作用，确保军民融合发展在法治轨道上健康运行。这里，既需要依法确定军民融合发展中政府、军方、社会中介和企事业单位等融合主体的主体职能、责任、权限，积极推行负面清单制度；同时也需要通过建立高效的军民融合法治实施体系，确保实施主体能够有法必依、执法必严、违法必究，坚持制度面前人人平等、执行制度没有例外，不留"暗门"、不开"天窗"。

提高军民融合法律制度的执行力，还要建立严密的军民融合法治监督体系。习近平强调："法规制度的生命力在于执行，贯彻执行法规制度关键在真抓，靠的是严管。"[①]"要把对法律执行情况的监督检查同制定法律放在同等重要的地位。"[②]军无法不立，法无严不威。法治监督就是对法律实施进行的监督，是运用法治思维推动军民融合深度发展的集中体现。法治监督的核心是对权力的制约和监督，具有管理事务领域宽、自由裁量权大等特点，是监督的重点。在这个问题上，特别需要加强对行政权的内部监督，对权力集中的部门和岗位实行分事行权、分岗设权、分级授权，定期轮岗，强化内部流程控制；改进上级机关对下级机关的监督，建立常态化监督制度；完善纠错问责机制，坚决纠正不作为、乱作为，坚决惩处失职渎职行为。与此同时，还要有效发挥社会舆论、新闻媒体和人民群众等社会监督的作用，让权力在阳光下依程序运行。

---

① 《习近平在中共中央政治局第二十四次集体学习时强调，加强反腐倡廉法规制度建设，让法规制度的力量充分释放》，2015 年 6 月 27 日，见 http://news.cntv.cn/2015/06/27/VIDE1435403697189344.shtml。

② 《习近平：在纪念万里同志诞辰 100 周年座谈会上的讲话》，2016 年 12 月 5 日，见 http://news.xinhuanet.com/politics/2016-12/05/c_1120058080.htm。

* 第六章 *
军民融合发展战略评估

　　战略评估贯穿于战略管理的全过程，是对战略的制定和实施效果进行的综合评价和估量。军民融合发展战略评估，是对军民融合发展的实践进展以及实施效果进行的综合评价。加快建立军民融合发展战略评估体系，对于构建完整的军民融合战略管理体系，强化对军民融合的战略管控至关重要。

一、军民融合发展战略评估的重大需求

战略评估是战略运筹的基础。无论是战略的制定、实施还是调整，都离不开战略评估的基础性支撑作用。冷战结束以后，世界大国无不对本国的各种战略包括大战略、国防战略和军事战略进行评估。[①] 在军民融合发展领域，美国国会技术评价局早在 1994 年就完成了《军民一体化的潜力评估》长篇研究报告，这是继 1991 年和 1992 年发表《重新设计国防》和《建设未来的国家安全》研究报告之后，指导美国国防科技工业调整改革的重要研究报告，在推动美国军民一体化发展过程中发挥了重要作用。当前，我国正在深入实施军民融合发展战略，建立军民融合发展战略评估体系，既十分必要，也恰逢其时。

健全军民融合战略管理体系的关键一环。完整的战略管理由三个基本环节构成：一是战略设计，主要进行战略分析并作出战略选择；二是战略实施，将战略设计转化为实际行动；三是战略评估，对战略执行效果

---

① 周丕启：《战略评估探析》，《战略研究》2013 年第 5 期。

进行评价并找出战略执行中存在的偏差和问题，为完善战略设计提供科学依据。军民融合发展战略管理是一个由战略设计、战略实施和战略评估构成的完整闭环管理体系，缺少哪一环节都会影响战略实施的效果。党的十八大以后，军民融合发展上升为国家战略。2016年5月，中共中央、国务院、中央军委发布《关于经济建设和国防建设融合发展的意见》，提供了实施军民融合发展战略的行动纲领。可以说，军民融合发展战略设计任务基本完成。当前和今后一段时期的主要任务是推进军民融合战略进入全面落实阶段。从实践看，目前在全国范围内还未形成一套完整可行的军民融合战略评估工作机制、指标体系和数据积累，战略评估的缺失使得在检验军民融合战略实施进展时，只能依靠"经验""拍脑袋想指标"，或者基于一些点面上的情况进行粗略估计和主观评判，从而使战略评估缺乏整体性、权威性和可靠性。战略评估的缺失往往会导致战略实施效果不可见、战略管控乏力、战略执行不力，这也是当前军民融合深度发展中存在的诸多问题之一。因此，建立完善的军民融合发展战略评估体系，对于健全军民融合发展战略管理体系、确保军民融合战略落地实施具有十分重要的意义。

监测评价军民融合发展绩效的有效方式。军民融合发展战略评估体系的建立，将为监测评价国家层面、区域层面、各行业领域的军民融合发展程度提供有效手段和科学依据。一是可对全国军民融合发展状态进行总体把握。通过构建军民融合战略评估指标体系，对各指标权重的设计与计算，可以测算我国军民融合发展的总体程度，以及各区域、各领域的军民融合发展水平，从而可以更加直观地反映我国军民融合发展的现状水平、历史方位以及不同区域和领域的军民融合发展对全国军民融合发展的贡献度，为顶层筹划和科学决策提供依据。二是可对区域军民融合发展状况进行监测评估和比较分析。我国幅员辽阔，各区域的资源禀赋、经济发展水平和在国防建设布局中的地位作用都不尽相同，通过对区域军民融合发展程度的监测评价和分析比较，探索不同区域军民融合发展的特点规律，有针对性地找出薄弱环节，为在中央宏观指导下形成有针对性的区域军民融合发展政策提供科学依据。同时，对各区域军民融合发展程度进行排序分析，既可以反映不同区域之间军民融合发展水平的差异，也有助于在各区域军民融合发展中引入竞争激励机制。三是开展不同领域军民融合发展程度的评价测算，系统积累各领域军民融合发展的时间序列数据，进行不同层次、不同维度的历史分析，找出蕴含其中的发展趋势和发展规律，可为推进各领域的军民融合提供有效抓手。

促进军民融合发展战略动态优化的重要手段。一项战略的推行实施，大致有三种发展取向：一是战略延续，即战略实施一段时间之后，如被实践证明战略是总体有效的，这个战略就可以继续执行下去；二是战略调整，即战略制定者针对战略实施过程中出现的新情况新问题，对战略进行适时调整和修正，以适应快速变化的环境；三是战略终止，即战略目标已经达成，或者发生重大变化使既有战略出现重大偏差，这时就需要终止既有战略执行，进而制定新的战略加以替代。对于战略实施的三种发展取向，无论是哪种情况，都须建立在全面、系统的战略评估基础之上。就军民融合发展战略而言，如何根据国家安全形势新发展、战争形态新变化以及经济社会发展出现的新情况，适时加以调整优化，以适应不断变化的形势和任务要求？如何找到我国军民融合的现实坐标以及未来坐标，从而画出一条通往"构建军民一体化的国家战略体系和能力"的直线路径……解决这些问题的关键在于，构建一套内生于中国实践的军民融合战略评估体系，既能对当前军民融合战略实施进展状况进行综合评价监测，又能根据新形势、新问题实行动态调整，使之成为推动军民融合发展全过程的"风向标"和"导航仪"。

二、军民融合发展战略评估的理论框架

实施军民融合发展战略评估，最重要最关键的是要构建起评估的理论框架，这直接决定着评估体系的科学性和应用价值。我们认为，军民融合系统理论和边界理论构成了军民融合战略评估的理论基础。基本思想是在系统理论框架下，综合运用军事核心能力生成理论、交易成本理论以及最优政府规模理论，对军民融合的安全性边界、经济性边界以及主体性边界进行整体考察，搭建起军民融合最优边界理论框架，为构建我国军民融合发展战略评估指标体系奠定理论基础。

军民融合的系统观

根据系统论基本原理[①]，系统是由一些互相关联、互相影响、互相作用的组成部分所构成的具有某种功能的整体。系统组成部分之间的相互关联、相互影响和相互作用是通过物质、能量和信息的传递来实现的。通常将相互关联、相互影响、相互作用的组成部分称为系统结构。系统以外的部分称为系统环境，系统和系统环境之间的相互关联、相互影响和相互作用也是通过物质、能量和信息的输入、输出实现的。系统的一个重要特点就是系统的整体性，即系统在整体上具有其组成部分所没有的特质，也就是通常所说的"1+1>2"。系统整体性的外在表现就是系统功能。

军民融合作为统筹经济建设和国防建设两大系统之上的"系统"，实

---

① 参见上海交通大学钱学森研究中心：《智慧的钥匙：钱学森论系统科学》，上海交通大学出版社 2015 年版，第 162—181 页。

质上是一个复杂开放巨系统。军民融合的系统结构，是由融合领域、融合主体、融合要素、融合环境所构成的，如图 6—1 所示。就我国军民融合发展而言，这一系统结构大致如下：融合领域，涵盖基础领域、产业领域、科技领域、教育领域、社会服务、应急和公共安全、海洋开发以及经济"走出去"等八个领域，当然军民融合领域是开放的，会随着实践的发展而不断拓展。融合主体，包括中央政府、地方政府、军队、军口企业、民口企业、社会组织等六大类主体。融合要素，包括人力、物力、财力、技术、标准、信息等六大类要素。融合环境，由体制环境、政策环境、经济环境、技术环境、法制环境、人文环境等构成的整体环境。军民融合是推动技术、人才、资本、信息等要素在军用和民用领域之间充分流动、渗透与结合，形成军民共建共用、互补互利、协同高效的内生机制和发展格局，以实现国防和军队建设的成本集约、技术创新和发展赶超。因此，军民融合的系统功能可以概括为实现国防和军队建设的成本集约、技术创新和发展赶超。

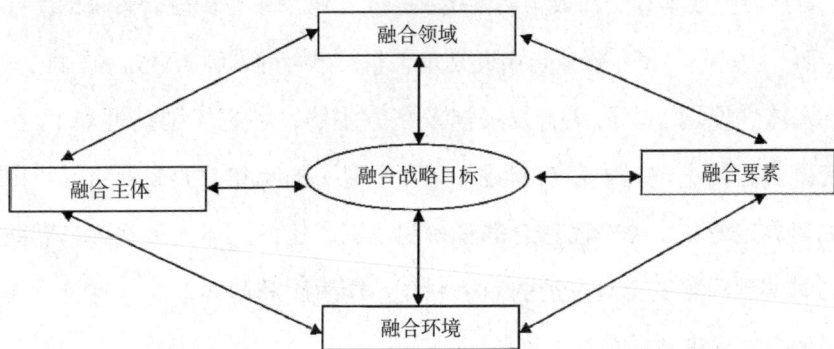

图 6-1 军民融合系统观

军民融合的边界理论

军民融合与军民分离本质上代表着两种不同的国防建设治理模式，

二者的边界取决于军民融合的"融合成本"[①]与军民分离的"分离成本"[②]之间的权衡与比较。

从军事、经济、社会治理角度对军民融合边界进行考察，军民融合边界的确定须遵循以下三个原则：安全性原则、经济性原则以及主体性原则。

安全性原则。围绕军事核心能力生成，越靠近核心能力生成的技术环节或领域，其军事专用性程度越高，对安全保密要求也越高，自然也就越倾向于以军民分离模式维持军事核心能力，由此划定了军民融合的"安全性边界"，这是军民融合过程中不可逾越的"安全红线"，是国家安全利益优先的体现。

经济性原则。军民融合发展过程中，因市场规模扩大而带来规模经济、范围经济、产业集聚和竞争效应，从而产生融合效益。由于资源（要素）具有一定的资产专用性，军民融合同时也会产生资产转换成本以及各种交易成本。不同要素的资产专用程度不同，随着军民融合程度的不断加深，资产转换成本和交易成本逐渐增加，直至抵消了军民融合带来的"红利"而产生"不经济"现象，由此划定了军民融合的"经济性边界"。

主体性原则。军民融合发展涉及多方主体，各主体利益诉求不同，致使融合在推进过程中存在利益"相互掣肘"的零和博弈发展格局，因此如何界定好各主体军民融合的责权利范围，使各主体在追逐各自利益的同时实现国家安全与发展的总体利益，产生正和博弈效应，这是影响军民融合实际进展的关键因素。

---

① "融合成本"包括国防工业部门可能陷入"敲竹杠"风险、泄密风险、后期维护保障风险、民用企业存亡带来的不确定性风险以及相当大的签约成本、监督成本、执行合同等交易成本。
② "分离成本"主要指在军民分离模式下，国防建设机会成本高昂。

在这三条原则中，安全性原则是保底原则，是必须确保的军事安全底线；经济性原则是主要原则，在一定的技术、制度条件约束下决定了军民融合的范围与边界，体现了军民融合集约发展的内在要求，且前两条原则体现了各国军民融合发展的一般规律；主体性原则是关键原则，是实现军民融合发展必要的制度保障，对于具有不同制度环境的国家来说，更多体现了各国军民融合发展的特殊规律。

安全性边界

从根本上来说，安全性边界主要取决于军事技术专用性程度的大小，军事技术专用程度越高，对安全保密的要求越高，就越倾向于以军民分离模式维持军事核心能力运行。军民融合特定领域内使用的核心技术具有一致性和相关性，因此对安全性边界的考察反映在对融合领域的选择。

世界各军工大国的军民融合实践虽然各有不同，但国防科技工业中总有一部分永远是独立的、纯军用的，对军品科研生产乃至国家安全必不可少，必须加以重点保护。因此，各国在对国防科技工业进行结构调整压缩规模时，普遍保留甚至加强其核心军工能力，采取的政策主要有：保护重点军工企业和主要军品生产线，鼓励军工企业发展核心业务。一些军工大国还根据新的形势，重新制定国防科技工业的发展战略，以突出利用科技进步来强化国防科技工业基础，通过增加投入来保持和提升军事技术优势[1]。美国国防部近几年在论及军民融合时表示："尽可能设置相应的需求和专门的项目，以充分利用可供利用的整个工业基础，包括传统的国防公司、纯粹的民用公司，以及越来越重要的创新型先进技术公司与研究所，确保国防工业基础能够不断得到关键成员，确保关键技能不丧失，保

---

[1]　参见阮如祥：《中国特色军民融合理论与实践》，中国宇航出版社2009年版，第112页。

护国家安全不受供应链损伤风险的影响。"① 这段表述实际上确立了美国国防工业一体化的上下限规则，上限是"充分利用可供利用的整个工业基础"，下限是"关键技术不丧失，国家安全不受供应链损伤风险影响"。

从现实发展来看，作为军民融合主要领域的武器装备科研生产，具有技术尖端、系统复杂、环境苛刻等特点，对承担研制任务的人才技能、设备设施、数据经验、管理能力以及对产品质量可靠性保障的要求很高。真正具备先进武器总体和关键系统设计、研制与制造能力的工业实体数量不多，一般民用工业并不具备这样的能力。而且，国防科技工业是国家安全体系的重要支撑，保持对事关国家安全产业的绝对控制是保证国家核心利益的根本基础。进一步看，我国军民融合有着特殊的背景和环境，这决定了我国军民融合不能把已有独立完整的国防工业体系完全融入国家工业大体系，必须保留基本的核心军工能力。可见，推动国防科技工业与国家工业的深度融合，并不是要将国防科技工业完全消融到国家工业中去，而是在维持和提升核心能力安全可控的前提下，充分利用国家工业优势资源，发挥市场机制作用，最大限度地实现国家安全利益与发展利益的同升共长。

从国防建设角度看，以国有军工集团为核心的国防科技工业体系是提供现代化武器装备的"核心力量"，以民口企业为主的国家大工业和信息化体系则是提供强大支撑的"补充力量"。"核心力量"的存在不仅是必要的，而且是保证国家安全和国防现代化建设的主要力量，"补充力量"的存在则有利于提升国防科技和武器装备整体实力，二者相辅相成，缺一不可。可以说，保持事关国家安全的核心军事能力建设独立于民用系统之外，是一条基本原则，进而在军民之间划定了一条不可逾越的"安全红线"；跨越这条"安全红线"便会威胁到国家核心利益，与军

---

① 参见知远战略与防务研究所译：《四年防务评估报告》（美国国防部，2010年2月），第63—64页。

民融合战略意图背道而驰。

从军品属性角度看，根据军品重要性、保密性、技术性和专用性，可将军品划分为四类。第一类以战略威慑手段为代表的高度专用、高度机密和国家严控的武器装备，这类产品列入负面清单，完全不对市场开放，由政府直接指定企业组织研制生产，实施市场禁入。第二类是武器装备总体、关键分系统、关键元器件和原材料等对装备技术指标起决定作用的核心产品，这类产品在通过保密认证和质量体系认证的基础上，可以进行生产许可审查。第三类是武器装备的一般分系统及配套产品，这类产品可以实施较低级别的市场准入条件，不再进行生产许可审查和强制性质量体系认证，但需要根据承担任务的涉密程度签订保密协议或进行保密认证。第四类是基础材料、通用器材等军民通用型产品，这类产品可以对全社会开放，不再设定军品的市场准入条件，形成与民品相类似的开放市场，但在武器装备研制中应注意相关保密事项。据此，我们制定了"安全性边界"的"金字塔"结构图，如图6-2所示。

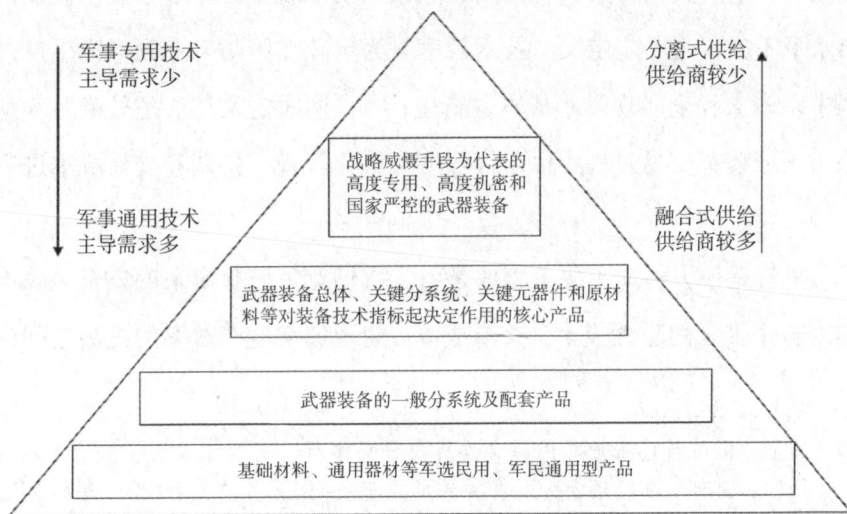

图6-2 "安全性边界"的"金字塔"结构图

从长期来看，"安全性边界"会随着技术进步而发生改变。例如，2015 年版武器装备科研生产许可目录比 2005 年版目录减少了 62%[①]，说明随着科学技术的发展，军事专用技术范围随之改变，处于负面清单内使用的技术随着民口相应技术的发展成熟，逐步移出负面清单，这样会有更多优势民企进入军品市场，最终形成"核心能力国家主导、重点支持；重要能力有限竞争、择优保障；一般能力市场开放、充分竞争"的国防科技与武器装备科研生产的能力布局。

图 6-2 所示的"金字塔"结构图，只是描述了国防工业引入市场竞争机制的"阶梯形"结构，是对"安全性边界"的直观定性描述。为进一步在理论上探讨其边界值的大小及影响因素，以"企业边界"理论为基础，构建一个军工生产模型——"生产还是采购"模型（Produce or Purchase，简称 PP 模型），来解释军工生产中潜在融合边界的情况。

在模型中，把军事生产"纵向一体化"定义为生产活动发生在单独国防工业领域，生产决策为是否将所有相关军事生产活动保留在国防工业领域，购买决策为是否从民用领域采购全部或部分军事系统。假设产出水平不变，进一步定义"技术效率"为单独在国防工业领域内生产过程中以多大程度实现最小成本进行生产[②]，同时定义"代理效率"为从民用领域购买交易过程中以多大程度最小化代理、协调和交易成本进行采购。

也就是说，模型主要考察的是引入市场竞争以后带来的安全风险与制度转化带来的隐性成本（交易成本）的增加与生产效率的提高之间的

---

① 参见《国防科技工业军民融合发展成果展举行，新版武器装备科研生产许可目录公布，军民融合深度发展全面推进》，《国防科技工业》2016 年第 1 期。

② 两种生产成本的稳定不变的差额：一是（企业）根据自身需要生产某种产品的成本；二是从市场购买同一产品所花的成本（Williamson，1985）。

"利弊比较"。简言之，军民融合会增加交易成本，带来"代理效率"的损失，比如从民用领域购买军用技术和产品可能会使国防工业部门陷入"敲竹杠"风险、泄密风险、后期维护保障风险、民用企业存亡带来的不确定性风险等等。并且要付出相当大的签约成本、监督成本、执行合同等交易成本。但是从民用领域购买军用技术和产品，国防采购部门不但可以省去研究开发成本，而且可以获得"质优价廉""技优价廉"的产品。此外，由于军事采购扩大了市场规模，进而形成市场需求集中供给模式，从中获得规模经济、范围经济和产业集聚带来的效率，从而提高生产效率，降低生产成本。而军民分离（纵向一体化）的好处是可以对与交易相关的成本进行严格控制，减小代理成本。但"鱼与熊掌不可兼得"，军民分离显然会导致源自规模经济等"技术效率"的损失。因此，需要对不同模式下军工生产"技术效率"和"代理效率"的得失进行权衡。

以贝桑科等人的研究为基础，图6-3的纵轴是制造与采购成本之差，正值表示制造决策的成本高于购买决策成本，负值则表示制造决策成本

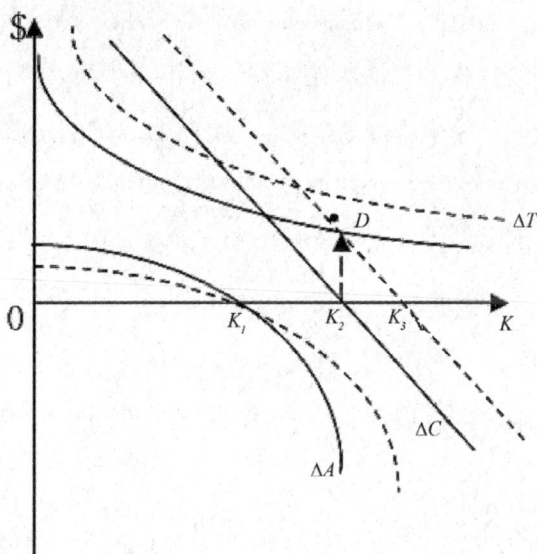

图6-3 一个军工生产模型——军工生产中潜在融合边界的确定

低于购买决策成本，即国防工业生产纵向一体化与采购民用产品相比花费更多或更少。横轴表示资产专用性程度 k。根据交易成本理论，资产专用性可能表现在：专属地点（如靠近机场和飞行训练地的飞机维修棚）；专属生产目的（如为达到某种耐热性而经过处理的材料）；专属物资资产（如巡航导弹的生产设备）；专属人力资源（如为完成军事生产的相关人员在技术训练等方面而产生的投资）。图 6-3 中标记为 ΔT 的实线是所有"制造—购买"技术效率成本最小值的包络线，标记为 ΔA 的实线是所有"制造—购买"代理效率成本最小值的包络线。

由此可以得出以下几个结论。

结论一：军事技术专用性越高，保密要求越高，要求军工生产越集中在国防工业体系。

从图 6-3 可以看出，对较低的 k 值，采用军民分离模式进行生产存在生产成本劣势，因此在 k 值较低时，应该采取军民融合模式，即引入竞争机制从民用工业领域采购军事技术或产品。相反，如果资产专用性程度高，那么对于民用部门供应商而言，所使用投入品的专用性程度增加，这意味着市场规模和销售渠道减少，由市场规模带来的规模经济、范围经济和产业集聚的优势逐渐消失。也就是说，军民分离模式相对于军民融合模式的生产成本劣势随着资产专用性程度 k 的增加而减小。在极端情况下，如果一种投入品只有在国防工业领域内使用，那么只能采用军民分离模式进行生产。

结论二：军民融合边界范围取决于军民分离生产成本与军民融合代理成本的比较，最优融合边界取决于使两种成本相等时对应的资产专用性程度的大小。

图 6-3 中标记为 ΔC 的实线是决定性曲线，是在每个 k 值上 ΔT 和 ΔA 的垂直相加。在 k_2 的左边，分离模式生产的生产和代理成本总和超

过从融合模式的总成本（$\Delta C > 0$）。这意味着，对专用性程度较低的情况，应该采取军民融合模式进行生产，即从民用领域购买全部或部分军事系统。在 k_2 的右边，随着使用资产专用性程度高的投入品的增加，就越支持军民分离模式进行生产（$\Delta C < 0$）。因此，k_2 是一个无差别点（$\Delta C=0$）。

从动态角度来看，ΔT、ΔA、ΔC 共同向下（向上）移动会导致 k_2 向左（右）移动，进而会减少（增加）军民融合的范围，并相应地增加（限制）倾向于军民分离的资产专用性程度。ΔC 向下移动，会使 k_2 向左移动，使军民融合范围逐步减少，甚至减少为零。在这种极端情况下 k_2 位于原点，由于 k 值不能为负，那么对于所有可能的 k 值都有 $\Delta C \leq 0$，则意味着所有生产将采取军民分离的方式进行。例如，对于关乎国家安全的核心技术和武器生产，从民用领域购买代理成本会非常高昂，其成本来自于泄密、系统不稳定以及全寿命周期的保障来源不确定等因素。

结论三：随着国防工业生产技术的进步，军事技术解密范围增加。与此相应，军民融合的资产专用性范围随之增大，即随着技术进步，民用领域可进入的军事领域范围将随之增大。

从现实情况来看，在改革开放初期，国防工业生产技术较为落后，且国家以经济建设为中心，军事需求普遍下降，普遍弱化了军工生产规模经济效应。这时与从民用领域采购相比，军民分离生产更加缺乏成本优势，这导致在 k 的每个水平上 ΔT 都向上移动（在图中用虚线表示）。随着技术进步，对于较高的资产专用性水平，$k > k_1$ 时，军民融合的代理优势更加明显。结果导致 ΔA 围绕着 k_1 逆时针旋转（图中的虚线 ΔA），ΔC 的斜率变得更加陡峭，k_2 向右移动变为 k_3。可见，随着国防工业技术进步，军民融合所对应的资产专用性范围随之增加。

经济性边界

在军民融合过程中，每一种投入要素都具有一定的资产专用性，改变其用途（如军用转民用）的过程中会产生资产转换成本。资产专用性理论认为，对于专用性资产而言，其专用性程度越高，通用性越差，转换能力越差，转换成本越高，越会阻碍资源有效配置，降低经济效率；反之亦然。据此可以说，资产专用性大小决定了军民融合要素的"经济性边界"。在军民共线生产条件下，将非通用资产投入量作为内生变量，构建"最佳资产转换率"模型，[①] 考察非通用资产投入量对民用产品生产和军用产品生产函数的影响，进而确定军民融合的"经济性边界"。

由于边际产量递减，随着非通用资产投入的增加，民用产品和军用产品产量曲线呈现"倒 U"形状。假设某一军民共线生产条件下，民用产品生产函数为：$y_1 = a_1(x - R_1)^2 + b_1$，军用产品生产函数为：$y_2 = a_2(x - R_2)^2 + b_2$。在融合产出最大时，其非通用资产投入量为 R_0；在民用产品产量最大时，对应的非通用资产投入量为 R_1；在军用产品产量最大时，对应的非通用资产产量为 R_2。为了达到最大产出，则有：

$$y = y_1 + y_2 = a_1(x - R_1)^2 + b_1 + a_2(x - R_2)^2 + b_2$$
$$y' = 2a_1(x - R_1) + 2a_2(x - R_2) = 0$$

得：$R_0 = \dfrac{a_1 R_1 + a_2 R_2}{a_1 + a_2}$

假设 R 表示通用资产总量，则生产扩展的资产转换系数（融合度）可以表示为 R_0/R，最佳非通用资产 R_0 取值视 R_1 和 R_2 的关系而定。

当 $R_1 < R_2$ 时，为了达到最大融合产出，根据简单的数学推理，可知：$R_1 < R_0 < R_2$，R_0 具体取值视两条曲线的斜率而定。

---

① 参见孙劭方：《资产专用性之于区域经济动员融入度》，《军事经济研究》2013 年第 5 期。

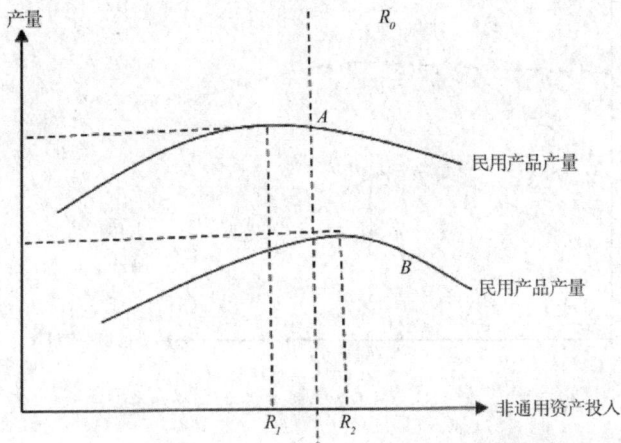

图 6-4　$R_1 < R_2$ 时最佳非通用资产的确定

当 $R_1 = R_2$ 时，为了达到最大融合产出，则有：$R_0 = R_1 = R_2$，此时最优融合度可以表示为 R_1/R 或 R_2/R。

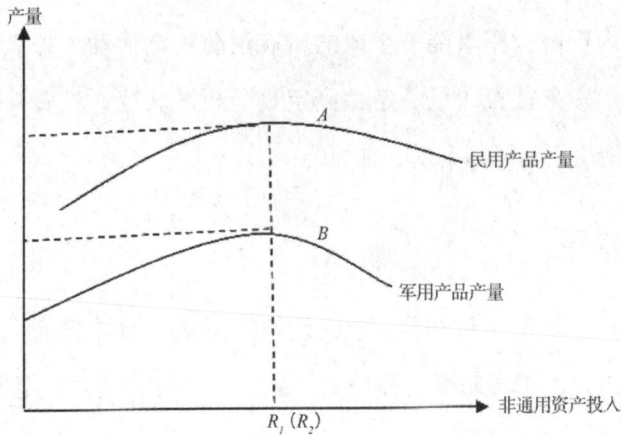

图 6-5　$R_1 = R_2$ 时最佳非通用资产的确定

当 $R_1 > R_2$ 时，为了达到最大融合产出，则有：$R_0 = R_2$，此时最优融合度 R_2/R_0。

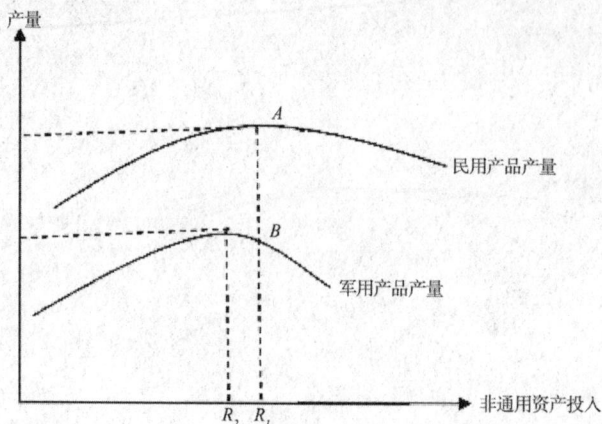

图 6-6　$R_1 > R_2$ 时最佳非通用资产的确定

以上是对"经济性边界"的静态考察。从长期来看，资产专用性将随着军事专用技术范围的变化而改变，原来的纯军用技术可能变为军民通用甚至完全民用技术，进而"经济性边界"也将随之改变。值得一提的是，"最佳资产转换率"模型对军民融合实践的解释意义在于：军民共线生产中各种要素的最优投入量是可测度的。如果我们将军民共线生产在更大范围内理解为军事能力生成的所有国防生产活动，那么它实现了对各种融合要素最佳投入量从定性到定量分析的转变，这意味着"经济性边界"在理论上是可以计算出来的。

主体性边界

军民融合发展的主体包含：中央政府、军队、地方政府、企业以及各类社会组织。由于国防属于纯公共产品，应由政府提供，更准确来讲，是属于中央政府事权范围。然而，将国防建设融入经济社会发展之中不能只依靠中央（包括军队）"单枪匹马"，还应该调动起地方政府、市场主体以及社会组织各方力量。在这个过程中，主体性边界是指对各主体军民融合责权利范围的划分与界定。只有合理清晰界定各融合主体的责权利范围，才能明确各主体的行为边界，从整体战略布局上形成不同主体利益的实现过程与国家整体利益的实现过程相一致的发展格局，避免利益"相互掣肘"现象，形成军民融合战略合力。

"主体性边界"分析起始于对中国特殊的治理结构，即"中央—地方"关系的考察。我国政府的本质及其与市场的互动方式建立在中央指导下的竞争性地方自治框架上①。许成钢称之为"区域性分权的权威体制"，并认为这是中国改革和发展的基本制度体系。从国防的公共产品属性来看，国防建设是中央政府的事权范围，地方政府主要负责本地区的经济社会发展。因此，军民融合事权总体上可分为中央事权以及中央和地方共同事权。凡是以国家为整体，使全国公民共同受益的职责，属于中央政府的事权范围；凡是全国共同受益而某地方也受益的职责，则应划为中央和地方政府的共同事权范围，如基础设施建设军民融合等。

"主体性边界"划分的关键在于，如何合理划定各级政府之间以及政府与市场之间的责权利范围，建立"中央—地方—市场"合作模式，形成中央政府、地方政府与市场之间的互补互动机制，协调有序共同推动军民融合发展。在确定"主体性边界"的时候，需要从两个方面进行考察，一是在中国条块治理结构之下，中央政府和地方政府军民融合事权财权边界的划分；二是在此基础上发展出来的政府与市场作用边界的划分。

一方面，条块治理是中国特有的政府治理结构，其中既包含了由中央直属部委自上而下的指挥或作用体系（即"条"），又包含了由地方政府统管某一区域全部行政事务的指挥或作用体系（即"块"），②中央通过对生产要素（土地、能源、资本）的支配以及人事任免等行政权力指挥

---

① 参见张燕生等：《中国未来：佛山模式》，中信出版社 2017 年版，第 19 页。
② 参见张燕生等：《中国未来：佛山模式》，中信出版社 2017 年版，第 19 页。

领导地方行为；同时又赋予地方一定自主权，使地方具有调配使用本区域内资源要素的能力。正是中央控制的"条条"与区域管辖的"块块"之间的博弈互动产生了中央领导下的地方经济增长引擎，且条块竞争对发展影响程度随着集权与分权（地方化）程度的变化而变化。

在统筹经济建设和国防建设协调发展过程中，适度放权地方，会激发地方政府进行制度创新的积极性，最优配置当地资源，实现要素在军民两大领域之间的渗透、共享与互动，促进符合区域发展特征的军民融合机制的形成和发展，引导当地形成各具特色的军民融合产业，实现从军地需求对接到项目运营管理的整体性引导。然而，从全国范围看，过度放权地方可能形成"地区分割、自成体系、统一市场难以形成，全国不是一盘棋"的局面，造成重复投资建设和资源极大浪费。理性地看，地方实践是基于本地现实的最优选择，但加总到一起，却有可能是非理性的，这就陷入了中央—地方博弈"囚徒困境"之中。

在划定中央地方军民融合事权过程中，需要在"全国一盘棋"大局观以及国家军民融合总体布局下遵循"受益原则"和"效率原则"[①]。受益原则，就是根据各项职责的受益对象和受益覆盖范围，来确定承担该职责的政府级次。效率原则，就是考虑由哪一级政府完成项目的投入产出比更高，实际就是就近、便利原则的体现。地方政府在大多数军民融合领域具有相当突出的优势。科学界定军民融合事权，能够对民兵预备役、兵役、国防动员、人民防空、交通战备、基础设施贯彻国防要求等各项工作责任进行清晰划分，有助于对各项国防安全供给的水平、标准、支出规模、预期效益等政策制定进行责任划分。

在"中央—地方"关系界定基础上，进一步考察"政府—市场"边

---

① 参见姜鲁鸣：《国防事权、支出责任与军民融合》，《军民融合》2016年第1期。

界。政府在推动军民融合发展过程中的主要职责是为其提供良好的硬环境和软环境。硬环境包括各种基础设施的建设，以降低市场交易成本并促进相关要素的互动和联系。软环境建设首先包括建立良好的制度。例如，提供市场运作需要的产权基础设施，包括界定与注册产权、提供产权交易平台、保护产权、化解产权纠纷、监管金融市场及提供宏观经济管理等制度①。其次还包括制定好的规划计划。政府与市场的关系，并不是"多一点政府还是多一点市场"的问题，而是政府如何提供支撑市场发展秩序的制度框架，即政府与市场之间形成良性互动关系。政府与市场通过不断互动和演进，形成相互支撑、补充、促进的良性循环，促使行政体制、经济体制与市场体制协调一致、相辅相成，最终形成一个充满发展和创新活力的中国特色社会主义市场经济机制，形成"小政府、大社会、好市场"②的发展格局。

在处理政府与市场边界中，需要研究和把握几个问题。其一，在完善市场经济进程中，构建政府动态"补位"和"退位"机制。政府的补位主要在于弥补市场经济阶段性不足，但随着市场经济的完善，政府曾经介入的部分可能会变为正在干扰市场经济运行的部分。因此，要保持政府与市场之间的良性互动，需要根据经济的发展情况，动态调整政府和市场的边界。其二，在转换政府主体角色过程中，创新政府经济主体的实现形式。在中国，政府拥有庞大规模的国有经济部分，是市场经济主体中相当重要的一部分。在计划经济时期，政府是全能型的；步入市场经济时期，政府需要转变角色定位，开放更多领域让多种经济主体参与竞争，形成"万类霜天竞自由"的局面，以最大限度激发社会创新活力，推动社会转型升级。这就需要将全能型政府逐步转变为规范型政府，

① 参见张燕生、肖耿：《政府与市场》，中信出版社 2017 年版，第 1 页。
② 参见张燕生、肖耿：《政府与市场》，中信出版社 2017 年版，第 15 页。

逐步淡化经济主体地位，在探索引入充分竞争机制的同时积极探索新的政府经济主体实现形式。其三，逐步放权于市场，政府最终履行提供纯公共服务的角色。其四，逐步下沉权力，放权于地方政府，将地方政府负责的事权交由地方管理。通过简政放权、营造适当宽松的政策环境，鼓励地方政府大胆创新，形成中央顶层目标与地方意愿契合的机制。

为进一步认识政府与市场的边界，需要对政府最优规模进行考察。著名宏观经济学家罗伯特·巴罗（Robert J.Barro）在 1990 年发表了一篇经典论文，成为考察政府最优规模的学术性奠基之作。文中，巴罗在内生经济增长理论的框架内，将政府支出视为一种公共投资，与私人投资一起，构成对经济增长的重要解释变量。这一研究思路打破了原有研究将政府活动（及其支出）视为经济增长外生变量的传统。巴罗指出："一般而言，当初始政府规模比较小时，政府规模增长会对经济增长有正面的推进作用，但当政府成长到一定程度后，其继续增长就会对经济增长产生负面阻滞作用；简言之，政府规模与经济增长呈现非线性的倒 U 型关系。"①

巴罗这项研究的重要意义在于，它正式提出了最优政府规模的存在性，这一点后来被学术界称为"最优政府支出律"，简称为"巴罗规则"②。关于最优政府支出律，后来在学术性深入探索和政策性通俗普及

---

① Robert J.Barro,"Government Spending in a Simple Model of Endogenous Growth", *Journal of Political Economy*, Vol.98, No.5, Part 2（1990）, pp.S103-S125.

② Georgios Karras,"The Optimal Government Size:Further International Evidence on the Productivity of Government Services", *Economic Inquiry*, Vol.34, No.2（1996）,pp.193-203；Juin-jen Chang, Hsiao-wen Hung, Jhy-yuan Shieh and Ching-chong Lai,"Optimal Fiscal Policies, Congestion and Over-Entry", *Scandinavian Journal of Economics*, Vol.109, No.1（2007）, pp.137-151.

两方面都取得了进展。巴罗发现的倒 U 型关系，在学术文献中常被称为"巴斯曲线"，如图 6-7 所示。

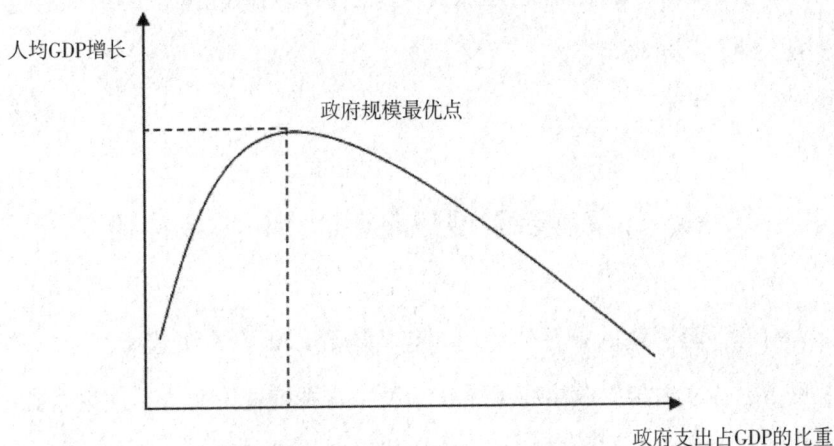

图 6-7 政府最优规模曲线——巴斯曲线

根据最优政府规模理论，各级政府推动经济建设和国防建设协调发展的最优政府规模，即"主体性边界"在理论上是可以计算出来的。其中，需要清晰界定几个关键点：（1）各级政府的目标函数，即各级政府的职能边界。例如，中央政府在推动军民融合发展中的职能定位为顶层统筹、协调，制定军民融合发展大政方针，负责协调建设全国范围内的重大军民融合项目等；省级政府一方面负责贯彻执行中央意志，另一方面需要在中央顶层计划基础上，制定符合本地发展实际的政策举措，并且负责协调建设全省（自治区、直辖市）范围内的军民融合项目。以此类推，我国具有五级政府结构，从宏观来看，国防建设属于中央政府事权范围，但在执行过程中需要具体落实到各区域范围，因此界定好各级政府在经济建设和国防建设融合发展中的事权范围，是界定各级政府军民融合主体可行边界的重要前提。（2）用何种方式衡量各级政府规模。例如，从岁出和岁入两个角度，可用政府支出占 GDP 的比重，或者税负占 GDP 的比重来进行衡量。具体选择可以根据数据的可获得性来确定。（3）理论模型的选用问题。可以选用目前在学术界达成共识的"巴斯曲线"模型。（4）除此之外，还需要考虑政府运行效率对政府最优规模的影响，纳入分析框架之中。

三、军民融合发展战略评估指标体系构建

构建一套完整的指标体系应当包含构建原则、方法选择、构建过程以及指标体系框架等基本要素。在军民融合系统理论及边界理论基础上，我们试图构建起我国军民融合战略评估指标体系。

构建原则

全面系统性原则。军民融合是一项系统工程，涉及诸多领域、各种要素、不同利益主体，反映其战略进程的评价指标体系必须具有系统性和整体性，否则"一叶障目，不见泰山"，便不能全面评价军民融合的总体进程和发展态势。

具体可行性原则。对评价指标的选取而言，所选择的评价指标的数据尽可能从各种现有统计资源中直接或者间接获得，对于有的定性评价指标，则尽可能通过设计问卷、专家打分、实地考察方式获得。总之，基础评价指标的设置需要同时满足评价目标和操作可行原则。

动态发展性原则。军民融合是一个动态发展过程，其评价指标体系的构建也应该是一个"理论—实践—理论……"的动态循环过程，即根据实践中出现的新情况、新问题而不断进行调整、修订、增补和完善，这样才能够真实客观地反映出军民融合的发展进程和未来趋势。

定性与定量相结合。军民融合不同领域中一些经济性指标可以由统计报表直接或间接计算获得，采取定量统计形式；但还有一些指标，如融合环境中法制环境、人文环境建设情况的描述，则无法进行定量统计，只能由专家打分评判进行定性描述。

评估方法

选用的评估方法科学与否，直接决定着评估结果的真实性和有效性。将科学评估方法应用于军民融合战略评价分析，主要有两个关键环节：一是合理的指标体系的构建，二是合理的指标权重的确定。前者主要基于科学的理论分析；后者主要依赖于科学的方法选择。目前确定指标权重的代表性方法有层次分析法、德尔菲法、主成分分析法、层次分析法与德尔菲法的联合应用法、网络层次分析法等。其中影响较大、应用较多的是层次分析法（简称 AHP），这也是目前我国军民融合评价研究中最为常用的方法。层次分析法面对的是社会经济系统用数学模型无法进行精确描述的复杂性问题，是一种有效处理不易量化的变量在多个准则下求权重或按重要程度排序的手段，可以将复杂的问题分解成递阶层次结构，然后在比原问题简单得多的层次上逐步分析。因为具有简单易行的鲜明特点，层次分析法在企业管理、教育评估、工程方案选择、政策评价等多个领域得到了广泛应用。[①]

层次分析法的应用需要一个极为重要的前提，即这种方法针对的是一个内部独立的递阶层次结构，即任何一个元素隶属于一个层次，同一个层次中任意两个元素之间不存在支配和从属关系，而且层次内部独立，不相邻的两个层次中任意两个元素不存在支配关系。但是，军民融合战

---

① 参见刘惠萍：《基于网络层次分析法（ANP）的政府绩效评估研究》，《科学学与科学技术管理》2006 年第 6 期。

略评价指标体系本身并不是内部独立的递阶层次结构，不同层级指标之间可能相互影响，每个指标可能受其他指标的影响和支配。因此，应用层次分析法进行军民融合战略评估受到了限制。在这种情况下，采用网络层次分析法可以解决评估局限性问题。

网络层次分析法（The Analytic Network Process, ANP）是萨蒂（Saaty T.L.）教授于1996年提出的。这是在层次分析法（AHP）基础上发展形成的一种新的实用决策方法，特别适用于存在内部依存和反馈效应的复杂系统决策问题。针对这类复杂系统决策问题，运用ANP构造出网络结构，网络中的每个元素集都可能相互影响、相互支配，也就是说系统中的每个元素都有可能受其他元素的影响和支配。ANP利用"极限超矩阵"对各种相互作用的因素进行综合分析得出其混合权重。相对于AHP的递阶层次结构，ANP的网络层次结构更加复杂，既存在递阶层次结构，又存在内部循环的网络层次结构，而且层次结构内部还存在依赖性和反馈性。因此，在进行军民融合战略评估时，ANP是一种更为适宜的决策方法。

构建步骤

构建我国军民融合战略评估指标体系需遵循如下几个步骤，如图6-8所示。

步骤一：确定目标。为了客观把握我国军民融合发展历史方位，探寻我国军民融合发展特殊规律和关节点，将指标体系建立的目标确定为"对我国军民融合发展战略进行总体评估"。

步骤二：分解目标。从军民融合系统观着手，将军民融合分解为系统结构及系统环境，其中将系统结构分解为融合领域、融合要素以及融合主体，将系统环境定义为融合环境。

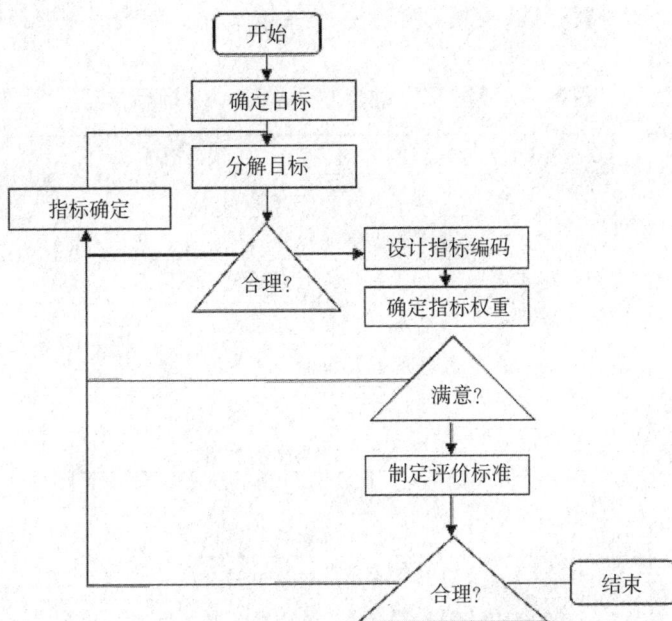

图6-8　军民融合发展评估指标体系建立过程

步骤三：通过对指标的逐级分解，将其进一步划分为若干二级、三级、四级指标，并确定各级指标权重。

步骤四：通过理论模型的实证分析，确定评价标准。

步骤五：进行检验分析。检验指标体系构建的合理性、可操作性以及全面性，并根据检验结果对评价指标体系作出相应调整。

指标体系构建

从理论基础来讲，指标体系的构建根据军民融合的系统理论和边界理论的整体思想而形成；从实践角度来讲，指标体系围绕着"形成全要素、多领域、高效益的军民融合深度发展格局"的战略目标而构建。根据军民融合的系统理论，将一级指标划定为融合领域、融合主体、融合要素、融合环境；进一步将一级指标划分为26个二级指标，以及经过不完全列举，在指标体系中展现了 110 个三级指标，如表 6-1 所示。

表 6-1　我国军民融合发展战略评估指标体系

一级指标	二级指标	三级指标
融合领域	基础领域军民融合程度	交通基础设施融合程度
		空间基础设施融合程度
		信息基础设施融合程度
		测绘基础设施融合程度
		气象基础设施融合程度
		标准计量体系融合程度
	产业领域军民融合程度	军工企业专业化重组进程
		军工技术民用转化率
		军工科研院所分类改革情况
	产业领域军民融合程度	军工企业股份制改造程度
		军事需求信息发布机制和渠道建立情况
		获得武器装备科研生产许可的民营企业数目
		允许民营企业承担军品生产任务层级
	科技领域军民融合程度	国防科技与国家科技规划计划统筹情况
		军民融合科研组织管理方式建设情况
		军民科技协同创新平台建设情况
		国家科技重大专项实施及成果转化情况
		国防科技成果降解密制度建设情况
		军地联合攻关战略合作活动开展情况
	教育领域军民融合程度	依托培养军官占生长军官的比例
		依托培养士官占新晋士官的比例
		人才强军计划落实情况
		军队院校为地方培养特殊专业人才情况
	社会服务领域军民融合程度	生活保障社会化程度
		医疗卫生资源共享程度
		军人保险制度改革情况
		物流服务保障社会化程度
		军地共建绿色友好生态环境情况

（续表）

一级指标	二级指标	三级指标
融合领域	社会服务领域军民融合程度	军地文化交流与合作情况
		双拥和优抚安置工作落实情况
	应急和公共安全领域军民融合程度	军地互联互通的国家应急指挥信息系统建设情况
		军地应急行动协调机制建设情况
		军民融合的物资集散和储备基地建设情况
		社会资本参与人防设施设备建设和经营管理情况
		军民融合的边海防体系建设情况
	海洋开发和海上维权领域军民融合程度	执法装备融合建设情况
		后勤保障融合建设情况
		基础设施融合建设情况
		军民兼用海洋环境保障体系建设情况
		军民海洋信息资源融合共享情况
		军民用海用岛协调机制建设情况
		军地合作建造深海探测服务保障平台情况
		军地合作开发海洋数据库情况
	维护国家海外利益军民融合程度	海外军事支撑保障军民融合工程建设情况
		国防科技工业参与国际军贸情况
		国际工程承包和高端装备出口情况
融合主体	中央政府推动军民融合发展状况	制定军民融合发展规划情况
		推进军民融合发展体制改革情况
	军队推动军民融合发展状况	军事需求信息发布情况
		军事设施和资源向社会开放程度
		武器装备与军事科研项目竞争性采购比例
	地方政府推动军民融合发展状况	制定区域军民融合发展规划情况
		设置区域军民融合统筹协调机构情况
	军口企业军民融合发展程度	军工集团民品产值占总产值比重
		军工集团民品生产核心技术与军品技术相关程度
		军工集团军民两用技术研制占比
		军工集团民口企业配套率
		军工大型试验设施和科研仪器向社会开放情况

一级指标	二级指标	三级指标
融合主体	民口企业军民融合发展程度	民营企业军品营业额占总营业额比重
		民营企业承担军品配套层级
		民营企业技术研发成果服务于国防建设情况
		民营企业资本参与国防建设情况
	社会组织军民融合发展程度	承接军民融合相关事务占总业务的比重
融合环境	人力要素军民融合程度	非现役文职人员与现役人员比例
		地方接纳转业军官人员数量
		国防特色高校和拥有国防特色学科的共建高校向军地有关单位输送毕业生数量
		军地复合型人才队伍建设情况
	物力要素军民融合程度	重大基础设施贯彻国防要求情况
		重大基础设施军民共建共用情况
		民用关键仪器设备软件通用性程度
		军用关键仪器设备软件通用性程度
	财力要素军民融合程度	财政资金支持军民融合的规模
		金融资金支持军民融合的规模
		社会资金支持军民融合的规模
	技术要素军民融合程度	国防科技成果降密解密数目
		军民两用技术双向转化和应用程度
		依托国家科技计划开展军民两用技术研发情况
	标准要素军民融合程度	军用标准纳入国家标准化体系程度
		国家基准标准和标准物质与国防力量标准共用共享程度
	信息要素军民融合程度	科技信息资源共享体系建设情况
		军地气象信息实时共享情况
		海洋信息基础设施统筹共建情况
		测绘信息资源共建共享情况
		军民物流信息资源共建共享情况
融合环境	体制环境	领导决策机制的建设情况
		军地协调机制的建设情况
		需求对接机制的建设情况
		合作共享机制的建设情况
		监督评估机制的建设情况

（续表）

一级指标	二级指标	三级指标
融合环境	政策环境	财政政策支持军民融合发展的情况
		金融政策支持军民融合发展的情况
		税收政策支持军民融合发展的情况
		土地政策支持军民融合发展的情况
		产业政策支持军民融合发展的情况
	法律环境	法律性文件制定实施情况
		法规性文件制定实施情况
		规章性文件制定实施情况
	经济环境	各地区 GDP
		基础设施完善程度
		产业完整配套程度
		军工经济占经济总量百分比
		民营经济占经济总量百分比
		高新技术产业经济贡献率
	技术环境	政府研发投入水平
	技术环境	发明专利授权数
		高技术企业数
		企业研发投入水平
		创新基础设施完善程度
	人文环境	整体国防观念意识培养情况
		军民协同创新氛围的营造

指标体系说明

融合领域评价。我国军民融合深度发展涵盖了八个重点领域[①]，分别是基础领域、产业领域、科技领域、教育资源、社会服务、应急和公共安全、海洋开发和海上维权以及经济和军事"走出去"。据此，将"融合领域"指标划分为八个二级指标。判断不同领域军民融合进展情况的潜在标准为是否达到"能容则融"。比如，以产业领域融合为例，"能容则

————————

① 根据中共中央、国务院、中央军委 2016 年 5 月 1 日颁布的《关于经济建设和国防建设融合发展的意见》划分。

融"标准，实则是在军品能力结构调整过程中，形成"核心能力国家主导、重点支持，重要能力有限竞争、择优保障，一般能力市场放开、充分竞争"的发展格局。

对基础领域军民融合发展进行评价时，按照不同领域的基础设施融合建设，将其分解为"交通基础设施融合程度""空间基础设施融合程度""信息基础设施融合程度""测绘基础设施融合程度""气象基础设施融合程度""标准计量体系融合程度"等三级指标进行考察。由于不同领域基础设施融合建设具有不同特点，因此在此三级指标下还需要根据具体情况进一步分解为若干四级指标进行评价。

对产业领域军民融合发展进行评价时，实则是对国防科技工业与国家制造业领域融合发展情况进行评估，可以从"军转民"和"民参军"两个角度，将其分解为"军工企业专业化重组进程""军工技术民用转化率""军工科研院所分类改革情况""军工企业股份制改造程度""军事需求信息发布机制和渠道建立情况""获得武器装备科研生产许可的民营企业数目""允许民营企业承担军品生产任务层级"等三级指标进行考察。

对科技领域军民融合发展进行评价时，主要着眼于军民协同创新能力建设情况，从规划计划、资源配置、项目实施、成果转移转化等方面将其进一步分解为"国防科技与国家科技规划计划统筹情况""军民融合科研组织管理方式建设情况""军民科技协同创新平台建设情况""国家科技重大专项实施及成果转化情况""国防科技成果降解密制度建设情况""军地联合攻关战略合作活动开展情况"等三级指标进行考察。

对教育领域军民融合发展进行评价时，从依托国民教育培养军事人才以及依托军队教育资源培养地方人才等方面，将其进一步分解为"依托培养军官占生长军官的比例""依托培养士官占新晋士官的比例""人才强军计划落实情况""军队院校为地方培养特殊专业人才情况"等三级指标进行考察。

对社会服务领域军民融合发展进行评价时，按照军队保障范围将其进一步分解为"生活保障社会化程度""医疗卫生资源共享程度""军人保险制度改革情况""物流服务保障社会化程度""军地共建绿色友好生态环境情况""军地文化交流与合作情况""双拥和优抚安置工作落实情况"等三级指标进行考察。

对应急和公共安全领域军民融合发展进行评价时，主要着眼于提高军地协同应对和应急处置能力，将其进一步分解为"军地互联互通的国家应急指挥信息系统建设情况""军地应急行动协调机制建设情况""军民融合的物资集散和储备基地建设情况""社会资本参与人防设施设备建设和经营管理情况""军民融合的边海防体系建设情况"等三级指标进行考察。

对海洋开发和海上维权领域军民融合发展进行评价时，可以进一步分解为"执法装备融合建设情况""后勤保障融合建设情况""基础设施融合建设情况""军民兼用海洋环境保障体系建设情况""军民海洋信息资源融合共享情况""军民用海用岛协调机制建设情况""军地合作建造深海探测服务保障平台情况""军地合作开发海洋数据库情况"等三级指标进行考察。

对维护国家海外利益军民融合发展进行评价时，可以进一步分解为"海外军事支撑保障军民融合工程建设情况""国防科技工业参与国际军贸情况""国际工程承包和高端装备出口情况"等三级指标进行考察。

融合主体评价。总体来看，军民融合涉及四方主体：政府（中央政府、地方政府）、军队、企业（军口、民口）和社会组织。据此，将"融合主体"细分为六个二级指标。对各主体推动军民融合发展情况进行评价时的潜在标准为"责权利是否一致"，即各主体的责任事权范围与其利益实现范围是否一致。

中央政府的主要职责是研究制定国家军民融合发展战略和中长期规划；制定军民融合发展重大政策；推进军民融合发展体制改革；统筹推进国防科研生产管理和基础设施建设等军民融合发展重大项目（专项工程），审议决策武器装备采购等重要事项，协调解决跨部门、跨领域、跨区域军民融合发展重大问题等。据此，分别设置三级指标进行评价，同时可以考虑将其纳入中央政府绩效管理考核评价体系，成为评价中央政府各部门落实军民融合发展战略的工作实效的定性与定量相结合的标准参照。

军队的主要职责在于进行军事需求论证牵引，即将军事战略转化为作战需求，把作战需求转化为装备需求、人才需求、保障需求、国防动员需求、基础设施建设贯彻国防需求、空海天以及信息化建设军事能力生成需求等领域需求，进而把对这些领域的军事需求具体化为武器装备、人才、资金、基础设施、科学技术等要素需求。据此，可以设置"军事需求信息发布情况""武器装备与军事科研项目竞争性采购比例"等三级指标进行评价。

地方政府的主要职责是贯彻执行国家军民融合发展战略，并制定区域军民融合发展战略和中长期规划、出台相关政策，设置区域军民融合统筹协调机构；统筹推进区域国防科研生产管理和基础设施建设等军民融合发展专项工程，协调解决区域内跨部门、跨领域军民融合发展重大问题等。据此，可以分别设置三级指标进行评价。同样地，考虑将其纳入地方政府绩效管理考核评价体系，成为评价各级地方政府落实军民融合发展战略的工作实效的定性与定量相结合的标准参照。

企业是市场经济运行和技术创新的主体，按照产品军民属性划分，可以分为军口企业和民口企业。国有军工集团是国防科技工业的核心力量，是国防建设和武器装备发展的支柱和推进军民融合的主力军。对其军民融合进展评价时，可以设置"军工集团民品产值占总产值比重""军工集团民品生产核心技术与军品技术相关程度""军工集团军民两用技术研制占比""军工集团民口企业配套率""军工大型试验设施和科研仪器向社会开放情况"等三级指标。

面对国防和军队现代化建设任务日益多元化的形势，民口企业积极承担部队武器装备科研生产任务，日益成为推动国防和军队现代化建设的一支生力军。对其军民融合进展评价时，可以设置"民营企业军品营业额占总营业额比重""民营企业承担军品配套层级""民营企业技术研发成果服务于国防建设情况""民营企业资本参与国防建设情况"等三级指标。

社会组织，是指在企业与政府、企业与市场、企业与企业之间发挥服务、沟通、协调、公正、监督等作用的市场中介组织。从我国市场中介组织的发展现状看，大体可以分为三类：一是具有法律性质的服务监督机构，如会计师事务所、审计师事务所、公证处、仲裁机构、计量和质量检验认证机构等；二是为交易双方提供服务的机构，如证券交易所、期货交易所、资产评估中心、技术成果交流中心、信用评价中心和商务信息咨询机构等；三是自律管理和服务机构，如各种行业协会、商会、消费者协会等。各种社会组织在推动军民融合发展中发挥着联系纽带桥梁、提供交易平台、充当"公证员""裁判员"等不可替代的作用。① 对其军民融合进展评价时，可以设置"承接军民融合相关事务占总业务的比重"等三级指标。

融合要素评价。根据战斗力和生产力生成规律，将"融合要素"分

---

① 参见王文华：《充分发挥市场中介组织在军民融合发展中的作用》，《军民融合》2016 年第 2 期。

解为六个二级指标，包括人力要素、物力要素、财力要素、技术要素、标准要素和信息要素。对各要素军民融合情况进行评价时的潜在标准为是否实现"应融尽融"，即各要素在军民融合过程中是否达到了资源的最优配置。

人力要素主要考察人才资源在军地之间交流互动情况。可以设置"非现役文职人员与现役人员比例""地方接纳转业军官人员数量""国防特色高校和拥有国防特色学科的共建高校向军地有关单位输送毕业生数量""军地复合型人才队伍建设情况"等三级指标进行评价。

物力要素主要考察生产满足武器装备等军事需求的所有物质资源的军民通用性程度。可以设置"重大基础设施贯彻国防要求情况""重大基础设施军民共建共用情况""民用关键仪器设备软件通用性程度""军用关键仪器设备软件通用性程度"等三级指标进行评价。

财力要素主要指军民融合中不同种类的资金来源情况，包括财政资金、金融资金以及社会资金等。可以设置"财政资金支持军民融合的规模""金融资金支持军民融合的规模""社会资金支持军民融合的规模"等三级指标进行评价。

技术要素主要指军民两用技术基础以及技术在军民两大系统之间的转化转移情况。可以设置"国防科技成果降密解密数目""军民两用技术双向转化和应用程度""依托国家科技计划开展军民两用技术研发情况"等三级指标进行评价。

标准要素主要指军民标准计量共建共用情况。可以设置"军用标准纳入国家标准化体系程度""国家基准标准和标准物质与国防力量标准共用共享程度"等三级指标进行评价。

信息要素主要指经济建设和国防建设各领域中供需信息以及数据信息共享情况。可以设置"科技信息资源共享体系建设情况""军地气象信息实时共享情况""海洋信息基础设施统筹共建情况""测绘信息资源共建共享情况""军民物流信息资源共建共享情况"等三级指标进行评价。

融合环境评价。军民融合战略的推进与融合环境好坏密切相关。具体来看，可以从体制环境、政策环境、法律环境、经济环境、技术环境和人文环境等六个方面进行考察。对融合环境情况进行评价时的潜在标准为是"好环境"还是"坏环境"，即是助推了军民融合发展的环境还是阻碍了军民融合发展的环境。

体制环境主要指军地相关部门和单位军民融合领导机构构建、组织管理和相关工作运行机制的建设情况，包括领导决策机制、军地协调机制、需求对接机制、合作共享机制和监督评估机制。针对不同机制建设的情况，分别设置三级指标进行评价。

政策环境主要指各级政府制定出台推动军民融合发展的相关政策情况，如财政政策、金融政策、税收政策、土地政策、产业政策等。可以设置"财政政策支持军民融合发展的情况""金融政策支持军民融合发展的情况""税收政策支持军民融合发展的情况""土地政策支持军民融合发展的情况""产业政策支持军民融合发展的情况"等三级指标进行评价。

法律环境主要指法律、法规以及相关管理办法、工作细则的制定和执行情况。可以设置"法律性文件制定实施情况""法规性文件制定实施情况""规章性文件制定实施情况"等三级指标进行评价。

经济环境主要指经济发展总量、基础设施、产业配套、高新技术产业发展、民营企业发展等军民融合的经济基础。可以设置"各地区GDP""基础设施完善程度""产业完整配套程度""军工经济占经济总量百分比""民营经济占经济总量百分比""高新技术产业经济贡献率"等三级指标进行评价。

技术环境主要指技术创新基础及鼓励创新的制度环境建设情况。可以设置"政府研发投入水平""发明专利授权数""高技术企业数""企业研发投入水平""创新基础设施完善程度"等三级指标进行评价。

人文环境主要指大局意识、创新意识和整体国防观等引导、贯彻和宣传情况。可以设置"整体国防观念意识培养情况"①"军民协同创新氛围的营造"等三级指标进行评价。

四、军民融合发展战略评估的推进实施

习近平在主持召开中央军民融合发展委员会第一次全体会议时指出，要着眼于提高军民融合发展整体质量效益，强化督导评估，形成军民融合发展的鲜明导向和评价标准规范②。中共中央、国务院、中央军委联合印发的《关于经济建设和国防建设融合发展的意见》指出，加强考察督导，建立问责机制，强化规划刚性约束和执行力。为此，需要从四个方面入手加快构建军民融合发展战略评估体系。

健全组织实施机制

完善的军民融合战略评估机制，是有效实施军民融合战略评估的基本依托。当前，中央军民融合发展委员会及其办公室已经成立，应以此为契机，构建一套较为完善的军民融合战略评估机制。

健全组织管理机制。应以中央军民融合发展委员会及其办公室为主

① 指将国家安全与发展视为一体的战略文化和社会心理的培养。
② 《习近平主持召开中央军民融合发展委员会第一次全体会议强调 加强集中统一领导加快形成全要素多领域高效益的军民融合深度发展格局》，《人民日报》2017年6月21日。

导，由军地各部门、各领域、各行业的业务管理部门参加，以跨部门、跨领域、跨行业的国家战略智库和独立评估机构为支撑，健全完善军民融合发展战略评估组织管理机制。根据军民融合发展战略实施情况，分年度组织实施军民融合发展战略评估，也可以与五年规划的阶段性检查评估结合起来并行组织。为了确保军民融合战略评估的有效性，应当建立有效的信息反馈机制和渠道，能够不间断地收集和整理战略实施的有关信息，信息采集应做到及时精确，并能客观反映战略的实际执行结果。

建立力量支撑机制。为了保证军民融合战略评估的权威性、客观性、科学性，应当充分发挥独立战略智库的重要作用，充分调动社会第三方机构参与军民融合战略评估的积极性，构建多层次、多维度的评估力量网络。诚如人们所言"旁观者清"，战略评估也是这样。独立智库的利益相对超然，能够最大限度发挥客观公正的评价作用。美国作为世界头号强国，有2000多个民间智库在其政治、经济、军事、外交决策中发挥着举足轻重的作用。欧洲也有600多家"思想库"，其中世界影响最大的30多家也几乎都有研究军事的职能。这些战略智库作为发达国家的军事决策外脑，改变了过去那种专家学者依靠个人知识、智慧分散作业的状况，形成了多学科人才合作和集团化作业的局面，为优化国防和军队建设的规划决策提供了雄厚的人才智力支持。从我国情况看，从地方看，有国务院发展研究中心、国务院各部委下属的政策研究机构、社会科学院系统、大批高校智库以及近年来崭露头角的民间智库；从军队看，有以军事科学院、国防大学为代表的国家高端智库，以及军兵种研究院系统和军队院校系统。可以说，军内外不乏雄厚的人才资源，对这些智力资源进行有效整合，能够更好地发挥其在军民融合发展战略评估中的力量支撑作用。

健全法规制度体系

从制度经济学角度看，制度界定了人的行为集，而成文法及其实施又是最重要的制度。正如邓小平曾经指出的，必须建立起相关制度和法律，只有这样，才能保证"不因领导人的改变而改变，不因领导人的看法和注意力的改变而改变"①。军民融合发展战略是一项长期系统工程，不可能一蹴而就，战略评估将始终与军民融合发展战略的实施相生相伴。健全完善的军民融合发展战略评估法规制度，是确保军民融合战略评估常态化、规范化运行的基本制度保障。

应从法规制度层面对军民融合战略评估全过程进行规范，真正让法规制度覆盖战略评估的各个环节。借鉴国外和地方评估的成熟经验做法，结合军民融合发展的实际，制定具有我国特色、层次高、权威性强的军民融合战略评估实施办法和工作规则，明确各级、各部门相应的权利与责任，形成行业内部评估与第三方评估、中期评估与总结评估、定性评估与定量评估相结合的评估体系，全面规范军民融合战略评估的全过程，使战略评估全程"有法可依"。加强军民融合发展战略结果的运用。明确军民融合战略评估结果的运用原则和奖惩细则，把考评结果纳入军地相关部门的绩效考评和政绩考核体系，实施严格的问责制。

加强专业人才队伍建设

高素质的专业人才队伍是有效实施军民融合战略评估的基本条件。要培养造就一批具有广阔战略视野、跨学科知识背景、掌握现代评估技术手段的专业化人才队伍，打造复合型的军民融合战略评估团队。战略

---

① 《邓小平文选》第二卷，人民出版社1994年版，第146页。

评估团队领军人物应具有宽广的战略视野和扎实的军民融合理论基础，具有领先于国内外同行的专业造诣，善于带领团队实施重大项目攻关，对战略问题具有很好的感觉和把握，能够深刻领会战略评估的总体需求，具有卓越的顶层设计能力，善于营造自由思考、激励创新的团队氛围，能够有效分配和调控资源配置，以最大限度激发团队的积极性。团队专业人才的素质结构应该复合多元，包括战略分析人才、经济分析人才、各融合领域专业人才、数据处理人才等等。只有具备这几个方面的人才，才能从理论逻辑、行业逻辑与数理逻辑统一的基础上对战略评估问题进行全面把握。

加强数据基础和条件建设

大数据时代，数据就是资产。科学有效的战略评估必须建立在全面准确的数据基础上，没有充分可靠的数据，便无法实施精确的科学评估和决策。正如《大数据》一书所说，"除了上帝，任何人都必须用数据来说话"。目前，支撑军民融合战略评估的数据基础还比较薄弱，国家层面的统计评估指标体系缺失，国民经济和社会发展统计系统尚未将军民融合发展情况纳入统计监测范围，军队也尚未建立起统一的统计评估机制，各领域融合发展数据不仅分散，而且统计口径、指标体系很不统一，有的指标还需要进行从无到有的调查统计。我们不仅缺乏数据本身和收集数据的手段，更深层次的问题是数据意识的缺失。数据意识的淡薄，以及长期缺乏以数据为基础的精确管理思维，导致我们量化评估长期以来止步不前。收集数据、使用数据、共享数据，是大数据时代我们必须面对的挑战。在这个数据意义凸显的时代，如果我们还继续漠视数据，拒绝精准，我们只能长期徘徊在粗放式的经验管理阶段。

必须抓紧建立健全军民融合发展统计监测系统，逐步形成内嵌于国家统计体系内的军民融合发展统计系统，机制化的汇总掌握各类融合要素资源的数量规模、类型结构、分布状况等信息，构建起军民融合发展数据资源数据库，为实现大数据时代的战略评估提供有力的数据支持。可择机在全国范围内组织实施一次广泛深入的军民融合发展状况普查，彻底摸清我国各领域军民融合发展的现状水平、参与主体、能力短板、薄弱环节、发展潜力等情况，构建系统完整的军民融合发展基础数据库，为战略决策和战略评估提供基础性支撑。

* 第七章 *
军民融合发展的重大关系

　　深入实施军民融合发展战略，需要辩证地处理好政府与市场、中央与地方、军队与政府、军工企业与优势民企、国际与国内五大关系，尽可能调动一切积极因素，最大限度将社会资源转化为双向互动的经济竞争力和军队战斗力。深刻把握和厘清这五大关系，是洞悉中国特色军民融合发展内在规律的核心所在，也是进一步凝聚共识、促进军民融合战略落地的关键，否则会出现有一时之功而无长久之效，甚至可能出现融合空转、政策互搏等问题。

一、政府与市场的关系

在军民融合发展实践中，政府与市场是一个基础性的关系。推动军民深度融合，是国家意志，必须坚持政府主导，但又必须遵循市场规律。历史经验表明，单纯依靠政府主导，或者单纯依靠市场调节，都无法经济有效地实现军民深度融合。政府不是万能的，市场更不是万能的，关键是政府和市场要各归其位。要善用政府和市场"两只手"的力量，在该由政府起主导作用的领域，政府的"有形之手"必须当仁不让；在该由市场发挥作用的领域，市场的"无形之手"必须充分施展，同时，要找准政府与市场的最佳平衡点，使"两只手"协同发力、相得益彰。

政府市场各归其位

其核心问题，是厘清政府和市场的职能边界，让政府和市场各归其位。推进军民融合发展，政府和市场的职能都是不可或缺的，但两者所发挥的职能却是不一样的。政府在军民融合中的职能作用，主要体现在对发展方向、体制创新、政策供给、法治保障、公共服务等方面发挥主导作用。政府主导具体体现为"五抓",即抓战略、抓体制、抓政策、抓法治、抓服务。抓战略,就是要强化顶层设计,强化战略设计和规划引导,科学制定军民融合发展战略规划,以引导发展方向。抓体制,就是要强化体制机制建设,框定各类行为主体的活动范围,要构建统一高效、运行顺畅的军民融合领导管理体制框架,在国家层面上建立军民融合深度发展的统一领导、军地协调、需求对接和资源共享机制,努力形成上下联动、业务归口、分工明确的融合运行机制。抓政策,就是要强化政策供给,消除政策性障碍,营造有利于军民融合的政策环境。抓法治,就是要强化法治保障,完善有利于军民深度融合的法律体系,推进军民融合综合立法,修改和废止现有法规中不利于军民融合的内容。抓服务,就是要强化公共服务职能,为军民融合搭建各类信息交流和公共服务平台,增强市场的有效性、公平性和透明度,推动军民两用技术双向转移和互相溢出;等等。只有不断探索行之有效的政府主导形式,才能使国家真正成为推动军民融合发展的主导力量。

政府职能定位是一个老问题。实践中,政府越位、错位、缺位的现象依然存在。仅就政府缺位而言,政府应该在机制创新和政策制度创新上做出更多努力,应坚决拆壁垒、破坚冰、去门槛,破除制度和利益藩篱,提供更多优质的公共服务。现实中,一些制约军民深度融合的基础性制度建设长期滞后,有关军地人才合理流动、知识产权转移转化、军地资源共享、利益补偿机制、产权保护等制度供给严重不足。这都是政府应该做而且也完全可以做到的事,如果没有做到,就是政府缺位。军民融合发展的一系列政策制度,只能由政府主导来推进建设,而适当的制度安排对军民融合至关重要。威廉·鲍莫尔在《创新:经济增长的奇迹》中指出,"如果制度安排不巧将更多的报酬给予了大胆的寻租活动,或破坏性活动,诸如战争或有组织的犯罪,而将较少的报酬给予了生产性的创新活动时，我们可以预料一个经济中的企业家资源将被配置到在更具生产性的事业之外……对一个社会而言，最有希望推动创新活动的方式，就是减少在非生产性或破坏性寻租行为的收益"。① 显然，在推动军民融合中，政府不可能"无为而治"，政府需要在权衡利弊之后，对有助于激发军民深度融合发展的制度作出安排，仅此而言，有为政府对推动军民融合是非常重要的。

市场是连接军事需求与社会供给的基本纽带，这就决定了在军民深度融合中必须发挥好市场机制的有效作用。市场是灵敏的，企业是聪明的，在政府的政策引导下，市场、企业会作出自己的判断和选择。军民融合发展中的具体建设任务，应交给市场主体去办，让市场机制引导资源配置。应注重发挥市场机制在调动统筹各方积极性方面的激励作用，兼顾军地各部门的利益关切，充分运用价格、税收、资金补偿等多种经济手段，使多元投资、多方技术、多种力量向国防建设领域聚集，通过诱导性的市场机制，引导社会主体在追求自身利益的同时实现国家所期望达成的融合发展目的。要严格规范政府和市场的职能边界，该由市场发挥作用的，要坚决放开放活，不留尾巴，不搞变通；该由政府发挥作用的，要坚决管住管好，不松懈、不敷衍。政府要进一步简政放权，全面实施权力清单、责任清单和负面清单，使政府运行更具规范性和可操作性，提高简政放权的实效，真正使市场在军民融合的资源配置中发挥重要作用。

政府市场协同发力

其核心是找准"两只手"的最佳契合点，使政府与市场协同发力。

---

① ［美］威廉·鲍莫尔：《创新：经济增长的奇迹》，郭梅军等译，中信出版社2016年版，第12页。

军民融合牵涉面广、发展模式多样，必须找准政府与市场的最佳契合点，采取灵活的运作方式，借政府"有形之手"扶持市场"无形之手"，借市场"无形之手"加强政府"有形之手"，使"两只手"相得益彰。

在投融资机制上，可发挥政府投资和社会投资两个渠道的优势。军民融合发展战略构想宏伟、工程庞大，需要广泛调动包括国家财政、银行资金、社会资金的广泛参与，在发挥政府投入主渠道作用的同时，可通过政府引导性投资撬动社会资本进入，形成多元化投资格局。首先，发挥好政府投资的引领作用。财政资金具有政府背景，可通过政府购买、财政贴息、公私合营等多种方式，充分发挥引领、规划、推动等作用，撬动更多资金参与军民融合实践。其次，发挥好银行资金的中坚作用。军民融合建设项目大多带有公共产品属性，社会效用高，但经济效益偏低、投资周期长，可创新政策性金融和开发性金融手段，鼓励政策性、开发性等金融机构立足自身职能定位，在风险可控和符合规定的前提下创新服务方式，多渠道拓展长期低成本的资金来源。最后，发挥好社会资金的重要作用。社会资金的参与，既可弥补财政资金的稀缺，又可实现"引资入实"的可持续发展目标，可鼓励民营企业以公私合营等方式，开展铁路、公路、港口、电信、电力、仓储等基础设施投资。

针对一些重大军民融合项目建设、重大军民两用技术研发、重大军民融合产业化开发项目，可进行机制创新，引入市场化手段，破解投融资难题。近年来，我国一些地方政府利用资本市场破解战略性新兴产业发展融资难题，为军民融合的市场运作提供了有益的案例。深圳市政府出资30亿元设立创业投资引导基金，社会投资踊跃参与，截至2014年11月，运作基金已被放大12倍以上，投资项目的主要领域是新经济。各类创新型金融机构，热衷于投资高新技术项目，甚至是处于初创阶段的项目，为项目方提供资金、管理、上市等综合性服务，催生一个由项目、资金、股权交易、中介机构组成的创业投资市场体系。正是这样的市场体系，源源不断地为高科技企业的发展供给营养，促其成长。而不断发展的高科技企业，为创投带来了丰厚的回报，互利双赢。[1]

在推进军民融合进程中，应当高度重视探索运用政府与社会资本合作（PPP）模式，引导民营企业等社会力量广泛参与军民融合建设。PPP模式，是政府与社会资本基于产品和服务达成的特许权协议，在基础设施及公共服务领域建立的一种长期合作关系。这种模式，通常由政府负责基础设施及公共服务的价格和质量监管，以保证公共利益最大化；由社会资本承担设计、建设、运营、维护的大部分工作，并通过"使用者付费"及必要的"政府付费"获得合理投资回报。PPP因其形式灵活广受欢迎，20世纪80年代以来风行世界。英国是目前世界公认的最先进的PPP模式使用者。其中，军民融合领域是PPP模式一个重要的应用领域。以直升机机组模拟训练设施项目为例，合同规定在项目运营期内英国国防部无须承担项目运行与维护费用，但达到一定设施使用强度后，须根据具体使用时间来确定支付给承包商的费用。在项目前20年运营结束后，国防部对该设施重新进行价值评估，可继续签订租赁合同或选择退出，不用支付任何费用。这种运营—维护—管理模式，把军队训练设施的风险分摊到民间，同时也获得了可靠的服务，从根本上减少了资金投入。

近年来，随着我国民营经济的迅速发展，民间资本已经成为社会投资领域的"主力军"。2016年，我国民间投资的总体规模已达36.6万亿元，占全社会规模的61.2%。当前，在我国引入PPP合作模式，利用社会资本和民间资本的经济技术基础已经具备。2015年3月13日，国防科工

---

[1]　南岭：《创新驱动的深圳样本——观察的维度》，《深圳信息职业技术学院学报》2016年第14卷（4）。

局表示，嫦娥四号工程将向社会资本开放，鼓励社会资本、企业参与嫦娥四号任务，这对于打破航天工业壁垒、加速航天技术创新、有效降低工程成本、提高投资效益，均具有积极作用。可以说，搭乘 PPP 的"顺风车"，已经成为军民深度融合发展的一个重要选项。

在军民融合运作方式特别是军民协同创新上，可充分引入市场化运作模式。当今世界，军民融合领域最高明的市场运作高手，恐怕当属美国国防部高级研究计划局（DARPA）。这个机构"尽管拥有约 30 亿美元的年度经费，但并不从事具体的科研工作。DARPA 项目经理和主管将科研项目外包给防务承包商、大学研究机构或其他政府组织，然后推动科研成果成功向军事领域转化[①]"。DARPA 仅仅使用美国国防预算 0.5% 的资金运转，并罕见地保持着一支规模很小的雇员队伍。经过近 60 年的发展，DARPA 现在每年雇用 120 个项目经理，每人任期 5 年。这些人大部分都是非常优秀的科学家，由他们发起并监督几百个研究项目，这些项目涉及遍布美国国内和海内外的成千上万名科学家和工程师。这就是以市场运作的"巧实力"，整合运用全球创新资源推进军民融合的典范。当前，人类已经进入互联网时代，云计算、开源软件、智能手机等发展使创新障碍趋于减小，孵化器、加速器、创新创业大赛、创客空间使创新创业更加便捷，互联网时代给更多民众参与创新创业提供了机会。世界主要国家顺应开放式创新趋势，积极利用外部创新资源推进军民协同创新。其中最为著名的是，美国国防部高级研究计划局主办的"超级挑战赛"。美国国家航空航天局（NASA）把一些影响载人航天领域中人的健康和工作的挑战性问题，通过第三方开放创新平台，发布给国内外的参与者以吸引社会创新。这些都是市场运作的典型做法，为我们推进军民

---

① ［美］安妮·雅各布森：《五角大楼之脑：美国国防部高级研究计划局不为人知的历史》，李文婕等译，中信出版社 2017 年版，第 1 页。

融合创新尤其是颠覆性技术创新提供了广阔的思维空间。

有效发挥政府主导作用

其核心是针对军民融合领域的特殊性，注重发挥政府的主导作用。市场在一般资源配置中通常起决定性作用。而军民融合领域是一个军与民特殊的"混合地带"，存在公共性、信息不对称、外部性等一系列的"市场失灵"现象。推动军民融合发展，就不能完全依靠市场力量，必须更加注重发挥政府的调控作用。

政府主导和市场运作，在军民融合发展八大领域中有不同表现形式。在基础设施融合领域，重大基础设施贯彻国防要求，政府不但要提出与国防密切相关的建设项目和重要产品目录，制定贯彻国防要求的技术规范和标准并加强监督管理，还应强化支出责任，给予资金补偿和投资补助，而具体建设事宜则应交由市场完成。在产业融合领域，建设"小核心、大协作、专业化、开放型"的先进国防科技工业体系，"小核心"是关乎国家安全的最核心、最关键、最尖端的能力，必须强化政府主导作用，有时政府要直接操办，把这方面的能力建好管好；而在"大协作"领域，则可充分发挥市场机制的竞争择优作用，推动专业化分工和社会化大协作，广泛利用多元投资、多方技术、多种力量来加强一般配套能力建设。在科技融合领域，基础科研和前沿创新具有研发周期长、投资大、风险高、见效慢等特点，市场机制在此领域是失灵的，尤其需要加大政府投入以形成持续稳定的支持。

在基础科研领域，美国的政府行为值得深入研究。比较而言，美国政府对基础科研始终紧抓不放，而欧洲一度过度夸大市场机制的作用，将基础研究依托于企业的自主性，最终导致欧洲的国防科技与美国拉大了距离。二战以后，美国每十年左右就推出一个"以军带民"的高科技发展计划。奥巴马在任期间，美国政府不断抛出一些国家大科学计划，如百万人基因组计划、脑科学计划、癌症登月计划、微生物计划等，举美国国家之力来推动这些重大科学工程，体现了美国的国家意愿和国家意志，实现了国家有效的组织和政府主导。这些技术领域，私人部门一般是不愿涉足的。正是在政府的强力扶持下，强大的新企业得以发展，苹果和谷歌等技术界大腕借助在联邦科研投资中产生的技术打造出世界级企业。迄今为止，美国孕育经济增长的成功经验可以概括为：政府为基础科学提供资源，大学提供人才、培训和支持，共同促成了美国的繁荣。由此可见，在整个 20 世纪，美国联邦政府运用规划计划和政府投资的方式，以国家资本撬动私人资本，投资前沿性、原发性创造发明，支撑了美国经济发展的黄金时代。在 21 世纪，美国探索未知、培育尖端科技、保持领先的国家竞争实力方面不断完善关键性制度，建立了卓有成效的"国家投资"成功范式。可以说，国家扮演企业家的角色，承担巨大风险、实施发明活动、点燃创新，奠定了美国霸权的基础。

上述事例引人深思。在经典经济学理论中，通常把政府角色限定在"公共管理""修补市场失灵""宏观调控"等方面，很少考虑政府承担风险、投资引领未来科技创新的职能。显然，即使在最信奉自由市场经济的国度——美国，政府的功能都不限于修补私人部门的缺陷、纠正市场失灵，我们就更没有理由拒绝政府主导作用。当前，在军民融合领域，我们面临着弯道超车、赶上甚至超越发达国家的千载难逢的机遇。我们究竟以什么样的姿态来迎接这个全新的时代呢？迄今为止，我们的一些战略还停留在纸面上，一些领域仍然是各自为战、一盘散沙。我们国家的政府作用在军民融合中体现得充分吗？如果军民协同创新还是处在小分队、游击队的阶段，我们靠什么跟那些本来已经走到我们前面的国家去比拼和较量呢？这启示我们，推动科技领域的军民融合，政府必须扮演国家风险投资者，承担更大的责任和担当。

总之，只有使政府"有形之手"与市场"无形之手"相协调、形成合力，把有利于国家整体和长远利益的军民融合，有效转化为各部门、各地区、各单位的内在激励，实现参与各方的利益共赢，军民融合发展才会获得源源不断的动力。

二、中央与地方的关系

从军民融合的施政主体来看，必须处理好中央与地方的关系。我国是一个大国，大国治理必须处理好中央与地方的关系。毛主席在《论十大关系》中指出，"处理好中央和地方的关系，这对于我们这样的大国大党是一个十分重要的问题"[①]。他还讲："我们的国家这样大，人口这样多，情况这样复杂，有中央和地方两个积极性，比只有一个积极性好得多。"[②]实施好军民融合发展这一国家战略，需要深刻洞悉我国独特的治理结构，充分发挥中央集中统一领导和地方竞争试验两方面的积极性。

正确处理中央与地方的关系，需要理解中国独特的治理结构。中国治理系统的复杂性，可从 2013 年 6 月国家审计署对我国地方政府财务状况实施审计的例子中窥见一斑。这次审计大约有 55400 名工作人员仔细检查了中央和地方政府机构的账户，包括 23 个省、5 个自治区和 4 个直辖市的 391 个城市，2778 个县以及 33091 个农村社区；涉及 62215 个政府部门和机构，7170 个地方政府融资平台，68621 个由公共财政支持的申报单位，2235 个公共业务单位和 14219 个其他实体单位；涉及对

---

① 《毛泽东文集》第七卷，人民出版社 1999 年版，第 32 页。
② 《毛泽东文集》第七卷，人民出版社 1999 年版，第 31 页。

730065 个公共部门项目的检查，以及 2454635 项公共部门债务。[①] 正是这些公共机构和部门构成了中国庞大的治理系统。这个治理系统看似复杂，实则有序，它是一个由中央集中垂直治理和多层级地方政府横向治理相互交织的巨大体系。

学术界把中国这种特有的治理结构称为条块治理体制[②]，即由中央控制的线条（条条）与区域管辖的区块（块块）之间的互动，这既是理解中国发展深层动力机制的奥秘所在，也是理解中国独特的中央与地方关系的切入点。在这种治理结构之下，中央通过党的领导和控制、政策制定和宏观调控、全国性规划、财政关系以及市场规范等方式，对地方的施政行为进行引导和监督。各级地方政府在中央统一领导下，在其管辖区域内围绕发展和改革展开激烈的竞争以促进发展。地方政府掌握本区域发展的关键要素，诸如土地、劳动力、基础设施以及税收、金融等，可以用以行政审批、土地批租、贷款担保、政策扶持等一系列手段促进区域经济社会发展。地方政府面临着多重激励：干部任免机制提供晋升激励，财政税收提供经济激励，地区间的竞争提供竞争激励。地方官员凭借本区域经济发展的优异业绩，在中央管理的党政干部体系中竞争晋升机会。在这种独特的治理结构之下，地方政府官员成为"政策企业家"，他们既在党的统一领导和中央政府设定的目标下开展工作，又被中央政府的改革承诺所激励而不断创新。区域竞争和改革试验，是中国经济在转型中保持三十多年快速增长的推动力量。[③]

中央的集中统一控制和地方的分权竞争试验，构成了中国治理方式变革的双重动力。中央的集权给整个治理体系融入凝聚力，中央通过收

---

① 张燕生等：《中国未来：佛山模式》，中信出版社 2017 年版，第 5 页。
② 张燕生等：《中国未来：佛山模式》，中信出版社 2017 年版，第 5 页。
③ ［日］青木昌彦等编：《中国经济新转型》，译林出版社 2014 年版，第 273 页。

紧控制和加强纪律性对过度偏离中央政策的地方加以约束引导。当然，中央的集中过度则可能抑制地方的积极性。地方通过尝试新政策、推出改革新举措展开竞争，以此提升本区域发展水平和治理绩效。地方的竞争试验则具有双重效应，既能够把地方的行为导向符合中央设定的发展方向上来，也会出现地方行为扭曲以至于偏离中央的目标导向。地方政府将政策在地方上进行试验，并将结果反馈到中央，由中央进行分析总结并整合纳入国家政策制定框架，以此促进国家制度的完善发展。中国独特的条块治理结构之下中央与地方之间的复杂互动，对理解军民融合发展的"中国特色"至关重要。

中央垂直领导的条条和地方竞争性的块块，是中国特色军民融合发展依托的基本治理架构。推动军民融合发展，总体上要形成党中央统一领导决策和统筹协调，国家和军队有关部门按职责分工管理和指导，各级地方政府具体实施的分工合作体系。国家和军队有关部门纵向垂直指导下的各领域、各行业构成了军民融合的"条条"，横向整体统筹的各区域、各地区构成了军民融合的"块块"，实践中要确保中央的"条条"指导在地方能够统筹落实，从而形成一体化的军民深度融合。中央的任务主要是确定发展方向、提出指导方针、制定发展规划、出台政策法规，具体的军民融合发展任务则要靠地方根据各地实际情况创造性地加以贯彻落实。军民融合关乎国家安全与发展，一些事关全局的体制、政策和法规，只能由中央主导制定和出台；地方政府掌控本区域发展的关键资源，更多的是从要素供给侧推出一系列军民融合支持和促进政策，诸如土地批租、人才激励、基础设施保障、财税金融扶持和融合发展环境塑造等。

正确处理好中央与地方的关系，需要强化党中央的集中统一领导。这是有效破解军民二元分离体制藩篱、化解既得利益藩篱的关键所在。

在军民融合发展实际工作中，往往是同一件事多个部门都在管，又都说了不算，这种"都管又都不管"的体制格局，常常会形成工作推进中"有协调、无结果，有议事、无决策，有启动、无监督"的低效状态。同时，这种体制的长期运行，在一些部门和领域已经衍生出了坚实的既得利益板块，行业型、部门型、区域型、企业型及混合型的各类利益主体已有不同程度发育。既得利益不断坐大，已经能够从市场准入、行业壁垒、社会舆论等方面形成很强的军民融合阻力。奥尔森在《国家的兴衰》一书中指出，任何一个国家，只要有足够长时间的政治稳定，就会出现特殊利益集团，而且，它们会变得越来越明白、成熟、有技巧。然后它们就会对这个国家最重要的公共政策，国家的经济发展、社会发展、政治机器，尤其是行政和法律，最终慢慢导致这个国家的经济、社会、行政、法律等方面的体制、政策、组织，变成最符合特殊利益集团的安排，使得该国发展的新动力越来越被抑制，各个部门越来越僵化，最终，导致国家的衰落。这个思想是很深刻的。面对这些问题及其深层制约因素，以习近平同志为核心的党中央决定成立中央军民融合发展委员会，建立中央层面军民融合发展重大问题的决策和议事协调机构，统一领导军民融合深度发展。要以中央军民融合委员会成立为契机，从顶层体制上发挥党总揽全局、协调各方的领导核心作用，强化党中央对军民融合发展的统一决策、统筹协调，全面加强党对军民融合发展事业的领导，在国家层面上对体制创新和政策供给给予强力推动，确保党的路线方针政策和决策部署贯彻到军民融合发展的各领域全过程。同时，应坚持目标导向和问题导向相结合，中央可为地方合理设定军民融合发展目标，适时将军民融合发展状况纳入地方干部绩效考核体系，加强考核监督问责，强化中央权威，推动军民融合国家战略落地实施。

在强化中央权威的同时，也要充分调动地方的积极性。军民融合的活力既来自顶层设计，也来自基层创新，要处理好顶层设计和基层创新的关系，注重发挥基层首创精神，给地方探索和试错的充分空间。有人说，邓小平既是改革开放的总设计师，更是伟大的批准师。的确，做一个伟大的设计师很难，做一个伟大的批准师也不简单，这既需要敏锐的发现，又需要果断拍板担责。应鼓励各地根据自身实际情况因地制宜、创造性地开展工作，在不违背中央顶层设计确定的原则下，在具体推进方式和融合内容上，可允许一部分地区有所突破，允许一部分地区先行先试。鼓励各地区按照基于各自比较优势，聚焦优势领域，促进错位发展，形成因地制宜、特色突出、错位竞争、差异化的军民融合发展格局。要在全国有针对性打造一批军民融合发展示范区和"特区"，鼓励地方大胆地试、大胆地闯，真正试出效果、试出经验来。如果在未来五到十年能在全国崛起几个像今天的深圳特区一样的"军民融合特区"，军民融合发展战略就会落地生根、开花结果了。

总结和发现基层探索的鲜活经验，对一些符合中央精神的基层探索要适时予以引导和肯定，及时上升为全国性的政策予以推广。近年来，一些地方结合各地实际，进行了一系列卓有成效的探索实践。比如，四川省作为全国唯一被赋予围绕加速军民深度融合发展来推动全面创新改革试验的地区，积极推动军民融合重大改革试点，进行了诸多探索创新。四川在全国实现"四个率先"，即率先建立省级军民融合发展领导机构，率先设立100亿元的省级军民融合产业发展基金，率先成立省级军民融合高技术产业联盟，率先与国防科工局和所有央属军工集团建立战略合作关系。绵阳市推进国防知识产权解密和转移转化试点，规划建设了军民两用技术交易中心、军民融合技术转移中心和科技城孵化中心，构建了从科技成果研发、交易、孵化、转化的系统体系；推进科技成果使用、处置管理制度改革，健全了科技成果转移转化收入分配和激励制度；推进军民融合产业投融资机制创新试点，以政府资金为引导，积聚社会资金，建立军民融合发展母基金，支持国家政策性银行、国有商业银行、股份制银行在绵阳设立军民融合支行，面向军民融合企业，开展四证质押、军方采购合同质押、知识产权质押等金融创新业务。

西安在 2015 年 9 月被确立为全国系统推进全面创新改革试验区之后，陕西省、西安市党政部门高度重视，加强组织领导，出台相关政策，在推动军民融合产业加快发展、推动建立军民融合创新体制机制、推动军民资源开放共享、推动军工科技成果加速转化、推动建立高效完备的军民融合服务体系等五个重点方面进行创新改革。在促进资源共享方面，建立了陕西科技资源统筹中心、西安科技大市场等技术转移中心、交易中心、孵化中心和转化平台。西安科技大市场军民融合服务平台目前已汇集 1000 多家高校院所、军工单位和民参军企业 300 多家，已开放的大型仪器设备 9600 台（套），对推动高新区及更大范围内的军转民、民参军发挥了积极作用。

深圳闯出了另一条路。在产业发展模式、军民协同机制、社会资本投入、军工能力建设、地方投入机制和军工扶持方式等方面大胆创新，探索了多种形式的军民融合新路径和新模式。深圳市创新财政专项资金投资方式，建立军工产业专项资金，采用投资补助和奖励的方式，对军工能力建设项目、国防科研计划项目、国家军品科研项目实行事后补偿，政府不关注资金使用方式，极大调动了企业的主动性。深圳市尝试将军工技术研发优势与民间资本、市场紧密对接，建设以国家重大尖端军工技术成果转化和项目产业化为核心的军民融合创新示范平台，探索军工混合所有制的有效形式和军民协同创新新机制，实现了军民资本层面的深度融合。引导中物院与民间资本结合成立中物功能材料研究院，着眼科技成果的原始创新、推动科技成果二次研发、力促科技成果产业化，打通科技成果转化的全链条通道，实现军工科研技术和市场转化、民间资本的创新性融合，构建"政府扶持、院所参与、民间投入、企业运作"的协同创新模式。深圳、东莞等地涌现出一批新的协同创新载体，其特点是组建新的研发团队，开发新的技术和产品，孵化新的企业，将新的技术商业化。深圳清华研究院是一家由深圳市政府和清华大学合作的突破传统体制的机构，这种体制被概括为"四不像"：既有大学的功能（培养研究生），又不像大学（学生主要通过实验室实践培养）；既像研究机构（研究课题），又不像研究机构（有的从事研发成果转化）；既像事业单位（有编制管理），又不像事业单位（部分员工合同制聘用并企业化管理）；既像企业（部分经营业务），又不像企业（部分科研业务）的单位。[①] 这类新型研发机构还有中国科学院深圳先进技术研究院、华大基因研究院、光启研究院、中物功能研究院、东莞同济大学研究院、东莞信大融合创新研究院等。这些新型研发机构，在军民协同创新方面表现出惊人的力量。

三、军队与政府的关系

从军民融合的管理职责来看，必须处理好政府与军队的关系。军民融合发展涉及军地两大系统、牵扯军民交叉的"接合部"，厘清军队和政府在军民融合管理中的责权利，加强军政军民团结，对于减少部门之间相互扯皮、降低军民融合组织协调成本至关重要。

当前，在军民融合发展中，还不同程度地存在军地职责不清，角色

---

① 南岭：《创新驱动的深圳样本——观察的维度》，《深圳信息职业技术学院学报》2016 年第 4 期。

混乱，竞相争夺融合主导权等问题。从军队来看，强调国家安全大局多，偏重算军事账，认为融合就是利用地方资源为军队服务，有的更多想要政策优惠和财力倾斜，有的担心搞融合有风险、不好管理，存在顾虑，尤其是军事需求不明、牵引不力的问题较突出。从政府来看，强调经济建设大局多，偏重算经济账，兼顾国防和军队建设需求不够，有的国防意识淡薄，缺乏"大国防观"，更多着眼局部利益，存在有利就干、无利不干、大利大干、小利小干的实用主义思想，有的认为融合就是"军取民供""军进民退"，把军民融合当成额外"负担"。军地对融合责任的理解也不尽一致，军队往往强调，谁提需求谁主导；地方往往强调，谁有资源谁主导。因此，处理好军队与政府的关系，首先要明晰二者在融合发展中的责权利。

政府作为经济社会事务的管理者，应承担推动军民融合发展的主体责任。依据我国《宪法》和《国防法》，国务院承担着国防建设事务管理的重要责任，政府的国防事权主要包括制定国防建设发展规划，领导管理国防科技工业、国防交通、国防教育、边海防等，这本身就涉及大量的军民融合事宜。实践中，政府已经承担了诸多军民融合管理与建设事务，应将推动军民融合发展明确列入中央政府的国防事权和支出责任。政府要通过战略规划、产业政策等手段引导军民融合领域的重大资源配置活动，要运用行政、法律等手段，推动军民融合发展任务的刚性落实。政府要在市场失灵领域主动作为，一些军民融合建设任务投资大、周期长、风险高、见效慢，市场机制无法发挥作用，还要加大投入以形成持续稳定的支持。同时，军民融合发展中很多具体任务要靠地方政府落实，地方政府掌控着本区域发展的关键资源，可以动用行政审批、土地批租、贷款担保、政策扶持等一系列手段支持本区域军民融合发展。而我国现行立法中国防事权大多属于中央事权，各级地方政府尽管承担了部分推动军民融合发展的任务，但具体职责还不是很清晰。下一步随着各省（自治区、直辖市）军民融合领导机构的成立，应明确地方政府在军民融合发展中的事权和支出责任。

军队在推动军民融合发展中担负着重要职责，突出表现在四个方面，即需求牵引、开放市场、资源共享、创新促进。

一是军队要强化需求主导。需求牵引是军民融合的第一推动力。需求不清，就找不到发力点，不知道融什么、怎么融、谁来融；需求不准，就找不好结合点，会增加融合成本、降低融合效益；需求不细，就找不准突破点，融合任务就容易挂空挡、难以落地。只有把融合需求搞清搞准搞细，融合发展才能有的放矢。长期以来，军民融合需求生成与对接机制不健全，已成为制约军民融合深度的重要"梗阻"。军地需求提报与对接的主体不明确、运行机制不健全，融合需求"谁来提""向谁提""谁汇总""谁审核""如何对接"等问题尚未规范，导致军民融合无法形成通畅的闭合回路。当然，融合需求的生成、提报、对接过程十分复杂，是一个军地双向联系、反复磨合、彼此联动的不断迭代过程。军队要发挥需求主导作用，强化融合需求生成与披露，提出全面、准确、清晰、具体的融合需求，并通过合适的渠道和平台向社会披露。

二是要推动军队采购市场开放。市场开放对军民深度融合最具根本性、持久性影响。如果军民融合喊得震天响，而军队采购市场仍被少数几家企业垄断，其他市场主体很难涉足，长此以往，融合发展的动力就会衰竭。纵观世界主要国家推动军民一体化的历程，无不从改革军事采购体制、适度开放军队采购市场破局入手。上世纪90年代初，正是"佩里采办革命"开启了美国军民一体化发展的大幕。时任美国国防部长佩里实施的主要改革举措是：一是立法消除军民一体化的障碍，破除法律障碍。对与国防部相关的600件法律进行审查，就其中约300件提出废止、合并、修改或以新法代替的建议。1994 年 10 月，美国国会通过《1994 年联邦采办精简法》，修改那些使国防工业基础与民用工业基础分离的联邦采购法规。二是简化采办程序，清除程序障碍，以尽可能采购民用项目，降低采购成本，缩短采购时间。三是改革军用标准，消除技术障碍。1994 年 4 月，组成美国军用标准改革行动小组，提出《军标改革行动计划》，淘汰不利于采购民品的军用标准，清除军用规范、军用标准对采购民品、民用技术、民用工艺造成的障碍。四是推动军事工业改革，消除市场障碍。1993 年，通过"最后的晚餐"，美国国防部对军工产业进行专业化整合、资本化运作、产业化发展。这些做法给我们以深刻启示。我们应在推进军事采购体制改革上持续用力、久久为功，全面拆除和清理阻碍军民深度融合的市场壁垒、程序壁垒、信息壁垒、政策壁垒、标准壁垒，最终建立面向国家大工业基础、面向各类民口和民营高技术企业开放、竞争的军品采购市场体系。

三是促进军事资源和国防设施共享。新中国成立 60 多年来，随着国家对国防和军队建设的不断投入，国防和军队建设领域积累了大量优质资源，这些资源有些是军民通用的。但由于军地分割等因素制约，这些优质资源军地统筹利用效率不高，造成了资源浪费。应坚持依法依规、遵循社会主义市场经济规律的原则，通过创新管理方式方法和手段，稳步推进军事资源向社会开发共享，凡是不影响国家安全、不影响军事战备需求和军队建设需要的，能开放的尽量开放，以造福社会。比如，北斗系统最初是为军用开发的，近年来国家大力推进北斗产业化推广。目前，北斗系统不仅在测绘、交通运输、减灾救灾、电力、农业等领域得到广泛应用，还在监控跟踪类可穿戴式设备、移动健康医疗、城市快递、互联网汽车和共享单车等细分领域获得广泛应用。人防工程向百姓开放也是一例。一些城市在人防工程建设上突出公益便民的要求，建起了一批地下商场、仓库、大型停车场、交通联络道、市民纳凉场所等设施，建成了护民工程、惠民工程、发展工程，实现了战备效益、经济效益、社会效益的有机统一。

四是军队要发挥强有力的创新促进作用。纵观世界创新引领型国家的发展，军队在国家创新体系中发挥着巨大牵引作用。美国国防部是其国家创新体系的"隐形武器"，扮演着"新知识的探测器、新科技的加速器、新企业的孵化器、新经济的助推器"等多重角色。研究美国高科技产业发展史可以发现，"军方在产业培育过程中起到了根本性的作用。新技术过于昂贵，而且不稳定，不适合通用市场。军方是唯一愿意做新技术试验而又不讲价钱的买家。"① 美国硅谷被认为是近50年来全球高科技产业和创新的策源地，事实上，高新技术早期发展大都与军事相关。硅谷的很多创新获得了美国国防部的资助，从仙童、甲骨文、网景到许多其他正在筹备的公司。② 美国军方为这一区域的发展注入了大量资金，"20世纪60年代中期，美国军队购买了硅谷超过70%的产品"③，"投入微芯片研发的资金，大约60%来自军方"④。今天，有关美国硅谷的一些神话有所夸大，而有一些真相又被轻描淡写。"湾区拥有独一无二的颠覆规则、拥抱新奇的思维理念。然而，如果没有政府的干预，那么历史也将会完

① ［美］阿伦·拉奥等：《硅谷百年史伟大的科技创新与创业历程（1900—2013）》（第二版），闫景立等译，人民邮电出版社2015年版，第109页。

② ［美］阿伦·拉奥等：《硅谷百年史：互联网时代》，闫景立等译，人民邮电出版社2016年版，第352页。

③ ［美］迈克尔·怀特：《战争的果实：军事冲突如何加速科技创新》，卢欣渝译，生活·读书·新知三联书店2016年版，第284页。

④ ［美］迈克尔·怀特：《战争的果实：军事冲突如何加速科技创新》，卢欣渝译，生活·读书·新知三联书店2016年版，第286页。

全是另一番景象。湾区成为技术从军用转民用的一个极好的典范。"① 可以说，美国军方是美国战略前沿技术创新最大的风险投资者。美国国防部高级研究计划局（DARPA）自 1958 年成立以来，孵化孕育了当今世界上最强大的军事力量——美军，也孵化了包括互联网、隐身技术及全球定位系统在内的众多颠覆性创新成果，不仅使美军保持着对其他国家压倒性的军事技术优势，同时也引领着美国的战略前沿创新，不断强化美国的国家竞争优势。当前，我国科技创新正处在从跟跑向领跑跃升的关键阶段，急需找到提升国家创新能力的新引擎。引领型创新国家的发展给我们以深刻启示，在建设创新型国家、建成世界科技强国中，军队要发挥重要的牵引、驱动作用，在国家创新体系中要担负重要角色和使命任务。军队应着眼于战争形态新变化和科技发展新趋势，提出具有前瞻性、颠覆性、引领性的创新需求，提出能够形成非对称竞争优势的技术需求，以此来牵引带动整个国家创新能力的提升。同时，还应立足中国特色的国情军情，不断丰富军队参与国家经济建设的新形式，巩固和加强军政军民团结，为军民融合发展提供政治保障。军政军民团结是我军特有的政治优势，坚如磐石的军政军民关系是我们战胜一切艰难险阻、不断从胜利走向胜利的重要法宝。各级党委和政府要把关心支持国防和军队建设当作分内之事，加强国防教育，增强全民国防观念，使关心国防、热爱国防、建设国防、保卫国防成为全社会的思想共识和自觉行动，切实增强我国的国防实力和民族凝聚力。军队自觉服从服务于党和国家工作大局，在完成军事任务的同时，发挥好战斗队、工作队、生产队作用，努力为促进经济社会发展贡献力量。当好战斗队，就是要协助地方做好维护社会稳定工作，加强反渗透、反分裂、反恐怖斗争，履行好维

---

① ［美］阿伦·拉奥等：《硅谷百年史：互联网时代》，闫景立等译，人民邮电出版社 2016 年版，第 353 页。

护国家安全和社会稳定的重要职能，捍卫国家安全、政权安全，维护祖国统一和民族团结。当好工作队，就是要做到深入群众、联系群众、宣传群众、团结群众、依靠群众，千方百计为群众排忧解难，充分发挥人民解放军和武警部队在防汛抗洪、抢险救灾中的突击队作用，发挥我军特有的政治优势。当好生产队，就是要在完成军事任务的同时，做好扶贫帮困工作，积极参加和支援地方经济社会发展和生态文明建设，为建久安之势、成长治之业贡献力量。巩固发展坚如磐石的军政军民关系，就能够为深入实施军民融合发展战略凝聚强大力量。

四、军工企业与优势民企的关系

从军民融合的市场主体来看，必须处理好军工企业和优势民企的关系。实行公有制为主体、多种所有制经济共同发展的基本经济制度，是中国特色社会主义制度的重要组成部分，也是军民深度融合发展的根基。推动军民深度融合发展，必须毫不动摇地发挥国有军工企业的骨干作用，毫不动摇地发挥优势民企的生力军作用。我们国家这么大、人口这么多，目前又处于并将长期处于社会主义初级阶段，建设世界一流军队、建设巩固国防，就要各方面齐心协力来干，众人拾柴火焰高，国有军工和优势民企应该相辅相成、相得益彰，而不是相互排斥、相互抵消。只要坚持"两条腿走路"，既"做活、做强、做优"国有军工企业，也"做大、做精、做细"优势民营企业，"两条腿"都强壮，两类企业就能够在共同推动军民深度融合进程中默契配合、共生共长。

发挥好国有企业的核心骨干作用。我国国有军工企业在军民融合发展中具有中流砥柱的作用，是共和国的"脊梁"，是确保国家安全的支柱，是为国防建设提供现代化武器装备的"正规军"。军工企业的这一地位和优势是长期以来在国家发展历程中形成的，是中国特有的优势。在军民融合发展进程中，我们要优者更优、强者更强，使之继续为国防现代化建设作出重大贡献。建设中国特色先进国防科技工业，必须毫不动摇地发挥军工企业的骨干作用，建立形成以军工企业为主体的平战转换、军地互动、军民协同的武器装备科研生产体系。国有军工企业要保持武器装备总装总承总试、关键系统等领域核心科研生产的控制力，利用其雄厚的资源优势，保障军工核心能力建设。同时，国有军工企业要充分发挥溢出效应，带动引领相关民用领域的产业升级。

发挥好包括国有非军工企业（即民口企业）尤其是民营企业的生力军作用。改革开放以来，我国民营企业从无到有，从小到大，从大到超大规模，取得了巨大的发展。根据《2016 中国 500 强企业发展报告》的数据，2016 中国企业 500 强中，有 205 家民营企业，占 41%，其中营业收入超过 1000 亿元的有 32 家；进入 2016《财富》世界 500 强的民营企业达到 16 家。在 2016 中国企业 500 强中，研发强度超过 10% 的有 5 家公司，其中民企占 4 家，分别为百度（15.89%）、华为（15.09%）、中兴通讯（12.18%）、阿里巴巴（10.54%）。[1]2016 年，华为实现全球销售收入 5216 亿元人民币，研发支出 764 亿元人民币，相当于 2016 年日本全国（包括政府、团体和企业）研发支出的 9%，未来几年，华为每年的研发经费将逐步提升到 100 亿—200 亿美元。这种超大规模的民营经济基础对于国防和军队建设具有巨大的正外部性，当然要引导它做大做强，将具有参军报国热情、拥有相应实力的优质民企依法有序纳入国防建设体系。建设中国特色先进国防科技工业，必须毫不动摇地发挥优势

①　参见中国企业联合会、中国企业家协会编：《2016 中国 500 强企业发展报告》，企业管理出版社 2016 年版，第 10、40 页。

民企的生力军作用，形成更经济、更有效、可持续的武器装备科研生产体系。在一般分系统、配套产品、货架式产品等领域，以及网络安全和信息化等技术升级换代更为迅速的领域，通过政府营造公平竞争的政策环境，充分发挥市场竞争机制，将拥有一定实力的民口企业依法有序纳入国防建设体系。

积极引导优势民企参与武器装备科研生产，对于打破行业垄断封闭、促进竞争择优、激发创新活力，巩固和扩大国防经济潜力和实力都具有重要意义。民企往往是创新最活跃的力量。不少民企能在市场竞争的大浪淘沙中存活下来，手中都掌握着不少创新绝活和技术诀窍，很多颠覆性技术都最先起于民企。同时，民企体制灵活，决策效率高，能够迅速对市场需求做出反应。有的民企表示："我们的决策机制是市场导向型的，说做马上就做，一个事情大家认识一致以后立刻就可以拍板，不需要层层报批，决策效率非常高，这对我们抓住市场机遇很有优势。"近年来，一些民企凭借这些竞争优势，已具备了承担武器装备分系统及关键配套产品任务的能力，并逐步由零部件配套进入武器装备建设的总体单位。最为重要的是，民企参军有助于促进竞争择优，发挥"鲇鱼效应"。在一些传统军工企业占主导的领域，引入几个民企进来，往往能够刺激体系内的竞争活力。

要摒弃所有制歧视，强化国家战略红利意识，更多地把关注的目光投向民企。当前，在新一轮科技革命浪潮中，许多高新技术率先在民用领域得到突破和应用，谁能最先获取和利用先进民用技术，谁就能优先赢得军事竞争优势。西方军事强国今天不遗余力推进军民一体化，就在于广开途径，寻找突破性创新和新兴前沿技术为军所用。可以说，聚众智服务于国防，利用先进民用产品和技术获取军事竞争优势，是当今时代军民融合的重大关注。经过多年发展，我国民营企业规模和能力不断壮大，在电子信息、网络安全、新材料、新能源等领域已经走在前列，有的甚至已经进入世界创新前沿。无论是国有军工单位还是民营企业，都是我国国防和军队建设的重要力量，在军品市场中都应享有平等的地位，不应有政治上的偏见和政策上的区别。要着力放开市场准入，凡是法律法规未明确禁入的行业和领域都应该鼓励民间资本进入，凡是我国政府已向外资开放或承诺开放的领域都应该向国内民间资本开放。应当在体制内专门开辟一些"通道"和"入口"，给优势民企、民用高技术、民间高手快速进入军事创新链条开辟渠道，以加速颠覆性技术创新。要着力打破军地各自独立、高筑"围墙"式的封闭创新模式，把国防科技创新纳入国家科技创新体系，聚力突破事关国防和经济命脉的关键技术。当然，既要放开市场准入，也要加强放开后的监管，两者要同步进行、同时用力。

五、国际与国内的关系

从军民融合的空间布局来看，必须处理好国际与国内的关系。在经济全球化时代，一国经济建设和国防建设的融合发展，在本国封闭域内是无法实现和完成的，必须树立开放意识、增强全球视野。今天，我们的利益已经全球化了，如果我们不能有效提升海外安全保障能力，就难以保障遍布全球的海外利益，我们的全球化进程就可能受阻。归根到底，大国经济的全球化和利益的全球化，必然要求安全保障的全球化，必须统筹好国际国内两个大局，以全球视野谋划军民融合发展。

美国前助理国防部长约瑟夫·奈指出，世界经济与世界市场是在军事权力提供的国际框架之下运行的。美国学者巴尼特把安全与繁荣的这种历史性循环称为"军事—市场轴心",认为依靠这个轴心即可实现国家发展和安全。他提出:"没有稳定就没有市场,没有增长就没有稳定,没有资源就没有增长,没有基础设施就没有资源,没有资金就没有基础设施,没有规则就没有资金,没有安全就没有规则,没有利维坦就没有安全,没有意愿就没有利维坦。"[①]这一思想逻辑链引人思考。今天,中国的经济利益已经全球化了,如果我们不能立足国际国内两个大局谋划国家发展和安全,以有效提升我国的安全保障能力,就不可能保障我们遍布全球的经济发展利益,我们的全球化进程可能就会受阻。

如何在全方位对外开放条件下统筹好国家发展与安全,是我国面临的一个重大现实课题。改革开放之初,我国对外开放的大门刚刚打开,那时我们的开放更多的还是一种单向开放,即单向度地从国外引进资金、技术和管理经验,再将劳动密集型的"中国制造"产品出口海外,以产品出口融入国际跨国公司主导的国际经济循环体系。这一时期的安全问题尚不突出。但经过 30 多年的改革开放,中国已深度融入世界经济体系,成为全球第一大贸易国、第二大吸收外资国、第三大对外投资国、第一大外汇储备国。我国对外开放既有"引进来"又在"走出去",随着开放的全速双向推进,中国制造、装备、技术乃至资本正加紧走向全球各地。事实上,资本对安全最为敏感,一旦安全无保障,资本就要撤出避险。近年来,中国"走出去"规模不断扩大。与此同时,中国企业和人员面临的境外安全风险也不断增加。据商务部不完全统计,自 2010 年起至今,共发生涉及中国企业机构的各类境外安全事件 345 起。预计未来 5 年,中国对外投资将超过 5000 亿美元,出境旅游人数将超过 5 亿人次。未来我国海外安全环境日趋复杂,无论是海上通道、海外投资、海

---

① 参见 [美] 托马斯·巴尼特:《五角大楼的新地图:21 世纪的战争与和平》,王长斌等译,东方出版社 2007 年版,第 136—140 页。

外人员还是海外资产等，都必须有强有力的安全保障。

随着我国"一带一路"的展开，我们面临更多的国际国内统筹问题。未来我国要布局的"一带一路"走廊，很多都位于中亚、中东等世界上最不稳定地区，多数国家经济落后、政治动荡、法律缺失、宗教冲突、恐怖活动猖獗，是地缘战略中最著名的"世界岛心脏地带"，历来也是大国角力的战场。如果没有强有力的国内外大局统筹做后盾，"一带一路"就难以走得稳行得远。

邓小平晚年讲，过去我们讲先发展起来。现在看，发展起来以后的问题不比不发展时少。事实上，解决发展起来以后的安全问题也非常棘手。必须提升国际战略统筹能力，减少国家崛起的国际摩擦成本。应从国家核心利益出发，维护国家发展大局，潜心打造我国的物质技术基础；应有理、有利、有节地抗击各种反对我崛起的国际势力，有效反击各种试图测试我维护战略机遇期"底线"的阴谋和企图。在涉及国家核心利益的重大问题上，必须提供强大的安全保障。着力提升面向全球的资源整合运用能力，潜心打造面向全球的物质、技术、人才、信息支撑和力量布局，稳步推动军民融合向海外利益攸关区、"一带一路"沿线国家、海上战略通道等境外空间拓展延伸，以有效保障我国国家利益。要熟悉国际规则，提升我们自身的海外运筹能力，利用好我国最早"走出去"的一批能源、资源、基建、运输、金融、通信企业的力量，深入开展全球范围内的资源整合运用，开辟军民融合发展的广阔国际空间。着眼有效提升海外军事行动能力，搞好国际与国内统筹。我国军事力量要"走出去"，关键要能"出得去""驻得住"。参与海外军事行动的人员、装备"出得去"，靠的是军队投送能力；"驻得住"需要持续补给能力，靠的是驻地可动员资源的利用，靠的是军事基地、驻泊点和补给点的建设。"出得去"，需要军队广泛开展与民航、海运、铁路等民用运力的深度合作，采取有效机制为我所用；"驻得住"需要军队深入开展军民融合国际化合作，建立海外战略支撑点。支撑点建设应当走军民融合发展道路，积极探索大型企业代理、保障力量预置、海外补给点、海外基地等不同的经营模式。还可采取平时预置和临时补充、国内定点与境外租用、普遍储备与重点投入相结合的方法，在重要战略方向、危害多发地点有计划和有针对性地做好准备。